www.tredition.de

*Ich danke allen, die mich in den schweren
Tagen meiner Krankheit unterstützt haben, im
Besonderen meiner Tochter.
Ein weiterer Dank geht an meinen Bruder für
seine Hilfe bei diesem Buch und das Lektorat.*

Isabell Schnellfeuer

Kopfkino

Die Autoimmunkrankheit

Das Buch für alle, die meinen, sie
hätten Myasthenie oder eine
andere Autoimmunkrankheit.

© 2012 Autor: Isabell Schnellfeuer

Verlag: tredition GmbH, Hamburg Printed in Germany
Titelbild: Desert © magann, fotalia.com

ISBN: 978-3-8491-1687-3

Bibliografische Information der Deutschen Nationalbibliothek:
Die Deutsche Nationalbibliothek verzeichnet diese Publikation in der Deutschen Nationalbibliografie; detaillierte bibliografische Daten sind im Internet über http://dnb.d-nb.de abrufbar.

Inhalt

Anhang - Was man über das Kranksein wissen sollte

Die Krankheit

Eine hübsche Frau kam zum lieben Gott. Der sagte zu ihr: „Auch du, mein schönes Geschöpf, auch du musst sterben." Sie weint und Tränen kullerten aus ihren himmelblauen Augen.

„Ich darf nicht älter werden, obwohl ich noch fast keine Falten habe? Und wie soll das überhaupt gehen? Ich bin fit, war zehn Jahre in der Muckibude und immer im Urlaub. Stets habe ich die neuesten Faltencremes gekauft. Warum strafst du mein Tun, lieber Gott?"

„Nun, dann will ich dich noch etwas verschonen", sagte Gott, „aber du bist ein Lebewesen wie alle anderen. Du wirst eine Krankheit bekommen, die deinen Buckel nicht unbedingt krumm macht, deine Beine lang lässt, und auch dein Busen bleibt da, wo er ist. Aber du wirst wenig Kraft fühlen und du kannst schön im Sessel sitzen bleiben. Die Krankheit heißt M y a s t h e n i e."

Da hob sie erfreut ihren blonden Lockenkopf: „Ok, Hauptsache, ich bleibe schön, danke mein lieber Gott, danke!"

Beim Arzt

Im Mai beendete ich meinen Unterricht, nachdem ich schon drei mal beim Arzt gewesen war, wegen meiner ungewöhnlichen Sprachstörungen. Denn ich konnte im wahrsten Sinne des Wortes nicht mehr sprechen. Das ging nun einfach nicht in meinem Beruf. Der besteht schließlich aus Sprechen und Denken.

Ich war nun mal Lehrerin oder Pädagogin oder „Lehrsche" oder wie man mich auch immer nennen möchte. Zuerst war ich bei einem Allergologen gewesen. Dieser diagnostizierte „allergisches Asthma" und dann war der Fall für ihn erledigt. Ich durfte meine Lungenfunktion überprüfen lassen, zehn Minuten die Luft anhalten und in ein Röhrchen pusten: Das war es. Dafür dafür nahm er zweihundert Euro, was vielleicht nicht so viel war, aber in meinen Augen doch. Und nach vier Wochen sollte ich die Rechnung schnellstens bezahlen, was eigentlich sehr unüblich ist. Wahrscheinlich weil er neue Esprit-Socken brauchte - mit denen wippte er nämlich während der Sprechstunde lasziv vor meinen Augen hin und her.

Ich kapierte überhaupt nichts, die Krankheit hatte mich im Griff.

Nur sehr ungern zog ich meinen Pullover aus, weil er noch die Lunge abhören wollte. Ich kenne das, die Ärzte machen das paar Mal am Tag.

Meine Rückenansicht war doch sicher noch ganz ok - nicht ausgesprochen schön, wie bei Keira Knightley, eben ok. Ich brachte es hinter mich, ich war eine ganz normale Frau. Wogegen wehrte ich mich denn?

Ich telefonierte mit einer Freundin, die gerade ein Pfeiffersches Drüsenfieber hinter sich gebracht hatte, vom Arzt Infusionen bekam und in eine

„Schlafschule" ging. Sie musste neu lernen zu schlafen; ich musste lernen, aufhören zu arbeiten.

Ich machte einen Termin bei dem Hals-Nasen-Ohrengucker aus, wurde dann dem Doktor vorgeführt. Der war ziemlich dick, aber überspielte das mit beneidenswertem Charme.

Er litt auch an einer Schilddrüsenstörung und war Gastdozent in Hannover. Das überzeugte mich, und ich überließ mich seinen Untersuchungen - schon wissend, dass es eine Luftnummer werden würde.

Er elektrifizierte mich, was bedeutet, er schaute nach meinen Hirnströme. Genauer: Ein langer großer Assistent ließ mich in ein schwarzes Loch schauen, dann in ein graues Loch, dann in ein viereckiges schwarzes Loch, dann in ein viereckiges graues Loch.

Dabei erzählte er mir: Er sei bei den Republikanern in Essen. Einer politischen Partei, das kenne ich aus meiner Funktion als Wahlleiterin, sehr selten Stimmen bekam - und die wir immer zum Schluss erst auszählten.

Ich ließ ihn gewähren, nicht wissend, dass diese Reinguckerei in die Löcher über mein Krankheitsschicksal entscheiden würde - und mich zu einer fünfzig Kilometer langen Fahrt zu einem MRT in einer Stadt im Sauerland führen sollte. Ich war mal wieder blauäugig wie immer. Aber ich war unbelehrbar, wie Lehrer nun einmal sind, sie wollen immer alles besser wissen.

Also sollte ich nun ins Sprechzimmer kommen, der Arzt des Ärztezentrums erhob sich und der

Neurologe erhob sich auch - um mir eine nieder-
schmetternde Diagnose mitzuteilen. Verdacht auf
Hirninfarkt.

Nach Siegen

Er drückte mir eine Wegbeschreibung in die Hand und meinte: „Fahren Sie mal nach Siegen im Sauerland". Ich hätte mir denken können, dass kein Patient mit Schlaganfallgefahr selbst zum MRT beziehungsweise zur Computertomografie fährt oder fahren kann.

Aber mein Verstand war leider ausgeschaltet. Ängste beherrschten mich. Welche Ängste, das würden mir noch in einem Arztbericht später bescheinigt werden.

Vorher habe ich noch schnell im Wartezimmer einem gutaussehenden Mann von meinen Ängsten erzählt, aber der war bestimmt auch mit seinen Ängsten beschäftigt, und nicht mit Frauen. Denn er reagierte nicht. Alles lief schief, es kam anders als ich es mir dachte.

So fuhr ich denn nach Siegen, mit der Gepäckaufschrift „hirninfarktgefährdet" - herzinfarktgefährdet auch.

Das zweite kannte ich, das war bei meiner Mutter so gewesen, sie hatte Zigaretten mit Filter geraucht. Gott möge es ihr verzeihen.

Ich meine, die Arme hat nach dem Krieg und in dem Krieg einfach zu viel mitgemacht, zwei kleine Kinder im Arm und mit dem Lazarettzug nach NRW und dann bei den Verwandten keine Unterkunft.

Deshalb dann mit dem Leiterwagen weiter zum Bauern nach Ostwestfalen. Und ich allein auf dem Leiterwagen, die Tiefflieger über mir. Ich kann noch heute keine Flugzeuge über Wohngebieten vertragen, demonstriere immer dagegen.

Meine Mutter, sie hat einfach zu viel mitgemacht, sie ist unschuldig. Ich auch, aber irgendwie trifft's mich immer wieder, andere natürlich auch - aber mich trifft es immer so, dass ich komplett aus dem Tritt bin.

Die Ankunft in Siegen: Seelenlose Plattenbau-Krankenhaus-Atmosphäre. Ich bin eine Nummer. Das kann ich nicht vertragen, deswegen mache ich die Mädchen an der Rezeption fertig, entschuldige mich dann wiederum wortreich.

Doch was muss ich aushalten: Ein gnadenloser Computertomograph rasselt über meinen Körper, erstellt ein Bild. Ich trage Ohrstöpsel, um es zu ertragen, ich könnte runter springen vom Behandlungsbett. Ich tue es aber nicht, ich bin nun mal Beamtin im Ruhestand und das auf Lebenszeit, das prägt, das geht mit bis ins Grab. Dann bekomme ich nach langer Zeit das Ergebnis, diesmal vom netten Oberarzt, der sehr durchgeistigt aussieht: Alles in Ordnung. Kein Hirninfarkt.

Ich bin froh, fahre froh nach Hause, hatte aber meine Rechnung nicht mit den Ärzten gemacht. Was tun Ärzte, wenn sie nicht weiterkommen, einige zumindest? Sie reden dem Patienten noch eine schlimmere Krankheit ein, und schicken ihn zu einem noch speziellerem Spezialisten, so dass der Patient nur unterliegen kann.

Nun gut, ich habe die richtige „Diagnose" dadurch bekommen, aber sicher hätte auch der erste Arzt diese Diagnose stellen können. Die Untersuchungen waren teuer genug gewesen - im Bereich um die eintausendfünfhundert Euro. Der Neurologe, der ihm angeschlossen war, hätte es an den Symptomen erkennen können - ich musste selber nachschauen: Verwaschene Sprache ist ein deutliches Zeichen für Myasthenie.

Aber auch der dem Hals-Nasenohren-Sucher beigeordnete Nervensucher, gleich Neurologe, hatte nichts bemerkt.

Es kann natürlich sein, dass ich das naturwissenschaftliche Denken nicht verstehe - obwohl ich ein Ingenieurstöchterchen bin - deshalb musste ich nun noch einmal durch gecheckt werden. So konnte ich es nur meinem Töchterlein mitteilen, dass ich nun nach dreißig Jahren auch mal wieder ins Krankenhaus musste. Wem sollte ich es auch sagen? Mein früherer Ehemann, der mich ohne Ende geliebt hatte - wie er immer sagte - hatte schon eine andere.

Meinem lieben zweiten Mann teilte ich es auch mit. Aber den hatte ich zu oft heraus geschmissen, der wollte sich um so eine zänkische, herrische Frau nicht mehr kümmern. Er hatte als „Mitbürger mit Migrationshintergrund", wie es so schön heißt, nun seinen Aufenthaltstitel bekommen, konnte in Deutschland bleiben - und brauchte mich nicht mehr.

Da stand ich nun, die für ihn immer so „wertvoll" war, wie er mir stets versichert hatte. Ich hatte den Satz nie richtig realisiert. Jetzt aber schon, ich war immer so wertvoll für ihn gewesen, für seine Einreiseerlaubnis. Und nun war ich wertlos geworden, er hatte alles bekommen, was er wollte: den Aufenthaltstitel.

Fertig, Schluss, Mensch ausgenutzt, dann bitte entsorgen, das machen übrigens manche Ärzte auch. Andere Personen entsorgen ebenfalls Personen - zum Beispiel Verbrecher. Die mauern Menschen gar ein, wenn sie tot sind, so sehr haben sie ihre Gegner gehasst. Da kann ich froh sein, dass ich nur „verlassen" wurde.

Ansonsten, in meiner Familie, gesundheitlich gesehen, bilden wir eher Zysten im Körper. Die eigentlich harmlos sind, aber die nun mal weg geschnitten werden müssen. Doch ich stand da jetzt allein mit einer ganz anderen, Angst einflößenden Diagnose: „Wir haben immer noch den Verdacht auf einen Hirninfarkt, aber wir können nichts mehr für Sie tun!"

Für „uns" tun, muss man sich denken! Sie hatten mich abgeschröpft, sie taten doch mehr alles für sich, und leiteten mich einmal mehr weiter.

In einem anderen Zentrum mit grauen Mauern sollte ich so weiter untersucht werden - der Nervenkitzler hatte es eben nicht feststellen können, was hinter einer „verwaschenen Sprache" steckt. Eine Myasthenie eben. Kommt ja auch nicht so häufig vor. Nur einer von fünftausend hat es.

Privat oder Standard?

Also denn fuhr ich, die sich schon im vorzeitigen Ruhestand befindliche Beamtin, in ein Krankenhaus. Der Neurologe und der Hals-Nasen-Ohren-Gucker hatten mir dazu geraten. Da ich seit Jahren kein Krankenhaus mehr von innen gesehen hatte, lag klar ein Informationsdefizit vor.

Ich wusste nun nicht, dass ich nur einen Belegarzt wählen konnte - aber keinen Chefarzt. In meinem Beamtenwahn sagte ich bei der Aufnahme, dass ich „Privat" versichert sei. Auf eindringliche Fragen der „aufnehmenden Person" galt es dann aber doch zu erkennen: Ich habe nur eine Standardversicherung bei der NVB-Versicherung.

Da kochte der Pott im Krankenhaus, wie man so schön sagt, über - für mich jedenfalls. Ich armer Esel, wusste ich doch noch nicht, dass mich dieses Unwissen einiges kosten sollte, insgesamt an die fünfhundert Euro - denn „wahlärztliche Leistungen" werden nicht erstattet. Ja, ich hätte mich vorher informieren müssen, die Versicherungsbedingungen waren nun einmal so.

Dann hätte ich bei dem geschmacksarmen Krankenhausessen trotzdem mehr zugeschlagen. Und abends hatte ich noch nicht einmal einen Fernseher, weil ich in einem „anthroposophischen Krankenhaus" lag. Das hätte ich reklamieren sollen. Aber was bringt es mir, wenn ich hinterher doch auf fünfhundert Euro sitzen bleibe. Dass ich diese ganze Krankenhauslandschaft und deren Organisation nicht verstanden habe, das sollte mich noch ein paar Euros kosten.

„Aber was jammerst du denn, du bekommst doch alles erstattet", meinte meine (ebenfalls beamtete) Freundin. „Aber nicht alles, ich bin doch nur standardversichert für 30 Prozent", bemerkte ich immer noch schüchtern - mit 50 Jahren auf dem Buckel. Wer mit fünfzig Jahren immer noch seinen Mund nicht aufreißt, der muss eben bezahlen für seine Unwissenheit. Einfache Lösung.

Im Krankenhaus im Grünen

Aber das Leben geht weiter. Mir wurde „Liquor" entnommen, das heißt Rückenmarksflüssigkeit, und der Oberarzt sagte mir - nachdem er erst mit dem Handy seiner Liebsten „Guten Morgen" gewünscht hatte, was ich zufälligerweise mitbekommen habe - „Sie sind bis jetzt gesund".

Eine schöne Diagnose. Kein Hirninfarkt, das beruhigte mich, aber woher meine Sprachstörungen kamen, das wusste er auch nicht.

„In vier Wochen, kommen Sie noch mal vorbei", meinte er lakonisch, das heißt eben ohne Mitleid, Ärzte sind immer ohne Mitleid. So wurde ich entlassen, obwohl ich meinen Koffer kaum tragen konnte und schwere Arme hatte - niemand konnte mir zu dem Zeitpunkt sagen, woher das kam.

Aber ich wohnte nun auch in einer Ruhrpott-Stadt. Lag es daran? Dass sich hier alle so wenig akademisch benahmen. Und ein Strafprotokoll klebte auch noch an meiner Windschutzscheibe, gerade wo ich doch so stolz war, dass ich meinen Wagen mitgenommen hatte.

Aber selbst fast im Graben parken hilft nicht. Ist es „Stadtgelände", da wirst du einmal abgezockt, ist es „Krankenhausgelände", dann wirst du zweimal abgezockt.

Die Strafe ist dort noch höher, das Krankenhaus ist schließlich noch mehr verschuldet als die Stadt - und braucht dann eben Geld vom Patienten!

Die Reise

Nachdem mein Selbstbewusstsein derartig erschüttert worden war, beschloss ich eine Reise zu unternehmen. Denn was mir in der Klinik widerfahren war, das konnte ich zur Zeit nicht verarbeiten. Die tanzten nun alle auf meinem Kopf herum - und schließlich auch noch auf meiner Krankheit.

Eine wirklich endgültige Aussage über meine Krankheit hatte ich nicht erhalten, aber mein Körper war beeinträchtigt. Und wie in früheren Zeiten, damals hatte ich meine Probleme schon mal gelöst, indem ich eine Reise unternahm, so wollte ich es auch jetzt „ausbaden", mit einem Urlaub. Auch wenn ich früher stark gestresst war, hatte ich dies oft durch Verreisen lösen können. Doch man glaubt nicht, was alles passieren kann. Mit der Krankheit ist nämlich nicht mehr alles möglich, es geht einfach nicht wieder so wie früher - man muss schon neue Verhaltensstrukturen erwerben, um weiter zu kommen. Und wie jeder weiß, ist das schwierig.

Anfangs war ich jedoch munter, wie in früheren Zeiten, wo ich in zwei Tagen von Essen nach Nantes fuhr, an die französische Atlantikküste. Meine dreijährige Tochter „im Gepäck", im Wagen liegend friedlich schlafend, voller Vertrauen in die Mama. Ein braves Kind, eben ganz meine Tochter. Die auch nicht merkte, dass wir mitten durch Paris fuhren - für mich ein schrecklicher Stress - und bei der Ankunft dann wieder schlief, so dass ich mich mit meinem Freund unterhalten konnte.

Der aber wollte sich natürlich nur wieder mit mir vereinigen, wozu ich gar nicht in Stimmung war. So musste ich auch da gleich wieder abfahren, weil sofort wieder Druck auf mich zukam. Ich schlafe nicht gleich mit allen Partnern, das geht bei mir nicht so schnell. Wenn ich liebe, dann habe ich tiefe Gefühle, leider - andere wohl so nicht. Die Menschen sind verschieden, banal zu sagen, aber richtig.

Wie gesagt, mein alter Freund und munterer Franzose, wollte wohl „beiwohnen", das wollte ich aber nicht, und so fuhr ich unverrichteter Dinge wieder zurück. Das Erstaunliche: Ich hatte mich doch schon etwas entspannt, auf dieser zweitausend Kilometer langen Reise. Und weil ich halt entspannt war, weil mich wohl Autofahren einfach entspannt, konnte ich dann später auch meinen „verbal-aggressiven" deutschen Ex-Ehemann wiedersehen. Aber auch nur für kurz, denn der hatte nun gar kein Verständnis für eine deutsche Frauenseele.

Weil er wahrscheinlich eine einfache mitleidlose Mutter gehabt hat, die nie „aufgemuckt" hat wie ich zum Beispiel. Das hat er nie verstanden, wie Frauen wirklich ticken und wird er auch nicht verstehen, er macht sich eben nicht die Mühe. Alkohol zu konsumieren ist nun leichter als den Problemen des Lebens in Auge zu schauen. Leider hat er auf diese Weise auch den Kontakt zu seiner Tochter verloren - und ich habe den Kontakt zu dem französischen Ministrant verloren, das war nämlich der oben genannte Brieffreund damals gewesen.

Als ich ihn zum ersten Mal getroffen habe, war er ein französischer Ministrant auf dem Weg in die Pyrenäen, mit seinem Priester unterwegs. Das sind doch eigentlich gute Voraussetzungen für eine Freundschaft, schließlich stammen wir beide aus der Katholischen Kirche, und damals war ich ich eine redliche Kirchgängerin.

Aber nein. Der Mann aus Nantes war wie alle Männer um die dreißig. Die meinen, fast alles was eine Frau quält, kann man mit dem Sex lösen, meinen man könne eine dreißigjährige Frau nur mit Sex beglücken. Und eine eine „gebrauchte" Frau mit Kind wollte er auch nicht direkt nehmen oder heiraten.

Sex kann beruhigen, aber Frauen brauchen erst Liebe und Verständnis, dann klappt es. Das aber wissen die nicht – und so geht das in jeder Generation weiter.

Die Männer lernen das einfach nicht von ihren Müttern. Warum? Weil die Mütter nur sich selber sehen, und dann erst die Söhne, denn die Mütter wurden schon vom Vater mit Sex überschwemmt und Frauen mögen das nicht so, zumindest die meisten nicht.

Der reine körperliche Akt verschreckt die Frauen, weil sie das eben nicht immer mögen - und die wenigsten Männer darauf Rücksicht nehmen. Dann wenden die Mütter sich an die Söhne, die können sie noch ohne sexuelle Regungen lieben. Obwohl, nach Väterchen Freud ist das alles schon von der „Libido" durchfärbt - aber wir wollen nicht immer auf Freud hören.

Obwohl der vieles erklärt, wofür wir uns sonst keine Erklärung liefern können. So sind seine Erklärungen schon weitreichend, und ich sehe meine Reisen nun öfter unter dem Aspekt der „Libidoabfuhr" - etwas aus dem Weg gehen, dem Trieb, und ihn verfeinern. Oder auch der „Libido der Aggression", dabei hat man nämlich auch gelegentlich Lust drauf, aggressiv zu sein. Nur seid es bitte nicht öffentlich und triebhaft, es gibt schon genug Tote, „Messerabgestochene", in der Essener Nordstadt oder sonst wo.

Nun aber zurück zu meiner Reise. Schnell hatte ich vollgetankt, hatte mein Köfferchen gepackt, mein Konto erleichtert und bin dann gegen Norden gefahren. Es war nun mitten im Vorsommer, die Vögel zwitscherten, der Himmel war blau und mein Auto war schwarz.

Ein paar ADAC-Karten hatte ich mir besorgt, ich wollte nun nicht mehr nach Noordwijk in Holland fahren, denn die Holländer kassieren mir zu oft ab. Bei den geringsten Verkehrsverstößen, zum Beispiel beim letzten Rot noch über die Ampel zu fahren, wo weit und breit kein Mensch zu sehen ist. Das ist bei ihnen strengstens verboten und wird auch strengstens geahndet.

Denn ihre Ampeln sind sicher, und sehen alles. Alles wird fotografiert, hier besonders das Nummernschild. Diese Holländer fertigen Protokolle vom Feinsten an, und schicken dir diesen Briefwurst-Wulst dann ohne Schwierigkeiten zu - dass du meinst, die Schublade geht nicht mehr zu. So beschließt du einfach nicht mehr nach Holland zu fahren, denn an der Grenze oder im Land könnte ja ein holländischer Polizist kommen und sagen: „Das Auto ist beschlagnahmt, sie müssen noch einhundertfünfzig Euro vom letzten „Vergehen" bezahlen!"

Und dann weißt du nicht mehr aus noch ein als Frau. Und wenn du dann noch das Wort „Vergehen" hörst, dann wird dir schlecht. Mich erinnert das auch an diese hinterhältigen Triebtäter, die kleine Kinder umbringen, oder an die schlauen, aber leidgeprüften Lehrer an der Odenwaldschule.

Dann denkst du auch an die Hitlerzeit. Punkt eins. Dann weiter an die zehn Gebote. Und dann fühlst du dich wie in der Beichte in der Kirche mit zehn Jahren. Du machst dir fast die Hose voll.

„Vergehen" - was ist das denn für ein Wort: du bist sprachlos. Du bist doch schon zweimal fünfundzwanzig Jahre alt und sie benutzen solche Wörter, aus früheren Zeiten. Sie sollen mal die Dinge beim Namen nennen, das eine ist ein Verkehrsübertritt und das andere ist Mord.

Ich denke da gerade an die Entführung eines kleinen Jungen, wo einem der kalte Schweiß über den Rücken rinnt. Einen Mord an einem Kind.

Das heißt einen anderen Körper und ein Leben zerstören, um sich selber gut zu fühlen. Das sind doch alles Mörder, und die sollten ein Leben lang weggeschlossen werden - die, die sich vergehen. Soviel zu dem Wort „Vergehen".

Da gehe ich wieder mit der Bibel konform: Auge um Auge, Zahn um Zahn. Und nicht nur ein paar „Kerzchen" dahingestellt. Oder wie bei der armen Diana, die auch dem „Englischen Königreich" geopfert wurde, als sie mal richtig Frau sein wollte. Nein, das ging nun mal nicht. Eine Frau hat keine sexuellen Gefühle.

Ein Mann aber doch. Der darf dann seine Camilla heiraten, der wird nur entthront, aber nicht gleich kastriert.

Bei den Frauen da sieht das schon anders aus. Die werden umgebracht, wenn sie sich mit ihren sexuellen Problemen an die Öffentlichkeit wenden. Oder bringen sich selber um, literarisch betrachtet wie in „Rose Bernd", oder bleichen dahin wie „Effi Briest", weil sie begriffen haben, gegen die Kerle kommen sie nicht an. Da fährst du lieber an die deutsche Nordseeküste, da gibt es keine Vergehen, nur Heringe im Brötchen. Das tat ich dann auch, ich fuhr an die Nordseeküste …

Ankunft in Horumersiel

… und da gibt es viel Luft und viel Freikörperkultur. Und viel weißen Sand und viel Gegend. Nun, ich war angekommen, hatte mir ein nettes Hotelzimmer genommen und hatte auch die passende Kleidung dabei: Shorts und Bikini, und eine dicke Strickjacke.

Vor mir, von meinem Hotelfenster aus, konnte ich den schönen hellen Strand sehen, ein zwei Schiffchen weit hinten auf der See und die Strandkörbe so in Weiß und Gelb und Blau und Rot. Das versöhnte mich mit mir selbst und ich vergaß die Krankheit mit ihren Beschwerdchen - aber die Krankheit vergaß mich nicht.

Das Frühstück schmeckte mir: ein Ei, verschiedene Brötchen, ein bisschen Aufschnitt, viel Früchte, hübsch geschnitten und nett angeordnet. Weiße Tischdecken, der Blick ins Freie, herrlich! Nur, ich konnte mein Brötchen nicht immer zu Ende essen, denn ich konnte nicht gut kauen. Grund war meine Krankheit, nun, die Muskeln versagten ihren Dienst, auch bei der Kaumuskulatur - und dann isst man eben nur noch ein halbes Brötchen. Aber auch das brachte mich nicht aus dem Tritt.

Ich wollte nun die nächste Aufgabe beginnen, ich wollte an den Strand. Nichts leichter als das, dachte ich.

Geld in der Tasche, ein Handtuch in den Korb, ein Trinkpäckchen, ein gestohlenes Bütterchen von der Frühstückstheke, für alles hatte ich gesorgt. Nur Gesellschaft hatte ich nicht.

Dann ab zum Vermieterhäuschen für Strandkörbe. Darin eine noch junge Dame, die mir aber
sehr streng erschien. Musste sie wohl auch sein,
aber ich kann so etwas nicht haben. Strenge Pauker
haben dafür gesorgt, dass ich – später selbst Beamtete Lehrerin - am Gymnasium eine Ehrenrunde
drehen musste.

Wie scheußlich, hört euch das nur an ihr „Eier-
pädagogen": Eine Klasse versäumen, nicht versetzt
werden, das heißt, alle Klaras und Johannes nur
noch in der Pause sehen!

Nicht mehr mit Willi knutschen oder Papiere
schreiben in der Ecke, kein Pausenbrot mehr von
Johannes bekommen. Und Papa und Mama, die
wissen dann Bescheid, da gibt es Stubenarrest. So
erinnere ich mich, dass ich öfters vor dem Gottes-
dienst um 11 Uhr, sonntags, meine Schulaufgaben
machte, Mutti schälte Kartoffeln und ich lernte
Goethes Ganymed. „Wie im Morgenlicht du hell
mich anleuchtest" hieß ein Gedicht. Ich kapierte
gar nichts. Nur: Dass da was abging, was ich nicht
verstand – kein Wunder, weil ich eben nicht aufgeklärt worden war.

So erlebte ich es später, und so dachte ich später
dann auch an diese ganzen Hymnen der Dichter.
Sie hatten oft handfeste Gründe, diese Gefühlsmit-
teilungen, oft war der Autor einfach verliebt, oder
sehnte sich nach Körperkontakt. Und da war wirklich der „Hund im Schnee" vergraben. Wie in meiner Jugend bei den Nonnen, die diesen Aufenthalt
in der Jugendherberge organisiert hatten, mit Gottes Hilfe sozusagen. Die merkten, dass ich geküsst

worden war - und mir drei Stunden ins Gewissen redeten!

Unsere Eltern erzählten uns schließlich noch mit siebzehn, dass der Klapperstorch die Kinder bringt. Sie hatten leider noch nichts von Oswald Kolle gehört und waren eben sexuell nicht aufgeklärt. Aber wie kann man die „schönste Sache der Welt", wie manche netten und auch die weniger netten Männer sie nennen, so verteufeln.

War da Hitler im Spiel gewesen oder Turnvater Jahn? Und mit siebzehn, als ich im Kinderzimmer mal ganz forsch war und meine Mutter fragte „Mama, wo kommen die Babys her?", da sagte meine Mutter - meine Mutter, die immer so ordentlich Kartoffeln schälte: „Aber Kind, die bringt doch der Klapperstorch." Ich weiß immer noch, wie ich noch auf den Fenstersims schaute. Da sollte er mich abgelegt haben, der kluge Klapperstorch! Der Sims war doch viel zu klein.

Ich begriff, dass da nicht alles richtig war, hatte ich doch schon in den „Doktorbüchern" meiner Eltern andere Abbildungen erblickt, und ich traute der Sache nicht und immer noch konnte mir keiner erklären, warum meine Eltern nachts im Wohnzimmer auf der Schlafcouch so seltsame Geräusche machten.

Und weil ich dann nicht schlafen konnte, vielleicht hätte ich auch gern solche Geräusche gemacht, habe ich mir dann mit meiner Freundin leichte „Sleepdrops" besorgt. Meine Freundin kannte sich da aus, und sie musste auch eine Ehrenrunde machen, das heißt sie war ebenfalls sitzen geblieben.

Denn wie sollte ich schlafen bei diesen seltsamen akustischen „Schwingungen" - und dann am nächsten Morgen auf die intelligenten Fragen meiner Lehrerin Frau Dr. Beier, „Deutschunterrichterin" am Annette-Unruh-Gymnasium in Essen, antworten. Besonders da ihre Fragen derartig geformt oder so ausgedrückt waren wie im Folgenden: „Der Handelnde ist immer gewissenlos. Schreiben Sie einen „besinnungslosen" Aufsatz zu diesem Thema, und besinnen Sie sich."

So besinnungslos konnte ich nun gar nicht sein, dass ich einen derartigen Aufsatz schreiben konnte: Ich war damals noch nicht in den Genuss des Kennenlernen eines Sekundärautors gekommen. Und „Benno von Wiese" oder die strukturelle Information, wie man einen Besinnungsaufsatz schreibt, war mir noch nicht zu Gesicht gekommen. Ich war eben blauäugig und naiv gewesen, jahrelang.

Schule macht hysterisch

In meiner Familie hatte man kein Geld für so etwas. Ich habe es erst später, als ich schon Sekundarstufe Eins- und Zwei-Lehrerin war, kennengelernt - die Sekundärliteratur, die mir im Gymnasium gut hätte helfen können.

Ich war siebzehn Jahre alt, folglich hatte noch kaum mal einen Zungenkuss bekommen, um mal wirklich „vom Handeln" zu sprechen. Nur die Boys, die „handelten" da schon mal eher. Ich meine, die waren schon immer gewissenloser, oder eben „handlungsstärker" als wir Girls.

So wälzte sich dieses gar nicht so unkämpferische Mädchen mit der besten Freundin im Schnee dem Schulfriedhof' - beide kämpften ums Überleben in den sozialen Rängen, könnte man meinen.

Mama und Papa sagten dann: „Wo unser Mädchen diese Aggressionen her nimmt, das ist doch eine ganz liebe, eigentlich?"

Und später, als meine Mutter mir immer noch nicht gesagt hatte, woher die Babys kommen, sagte sie dann: „Unsere Tochter ist schon mal hysterisch."

Wo sie das nur aufgeschnappt hat, obwohl sie doch von Psychologie keine Ahnung hat? Meine Mutter, unglaublich, aber das weiß ich nicht.

Mama Hesselbach und Frau Dudenhöfer

Nun, zurück zu meiner Reise. Ich musste mich nun in der Sonne bräunen, ich war doch verreist, und alle wussten es. Also, ich hatte von der strengen „Strandkorb-Wärterin" dann doch einen Strandkorb bekommen - und zu dem begab ich mich in der Hoffnung wieder tausend schöne Abenteuer zu erleben. Ich hatte schließlich einen schönen Bikini an – o.k. dreißig Jahre war ich nun nicht mehr - aber doch eine gepflegte Frau. Gut erhalten, gut gebaut, wie mir einmal ein Therapeut verraten hatte. Ja der Therapeut, denn mein bisheriges Leben war von „Ersatzvätern" gepflastert, zum Beispiel von Therapeuten, und in jedem hatte ich etwas von meinem Vater wiedergefunden.

Da saß ich also, „gut gebaut", in meinem Strandkorb und schaute auf das nicht mehr ganz so blaue Meer und den schönen Sand und auf die Leute um mich herum. Und was fiel mir auf?

Ich sah eine Familie, aus Bayern wahrscheinlich, denn alle waren eher dunkelhaarig und ein wenig untersetzt.

Die Frau, ein vortreffliches Abbild von Mama Hesselbach! Wer die nicht mehr kennt, nehme eben dann die Bildschirm-Ehefrau vom Dudenhöfer, die müssten doch einige kennen. Sie, die Frau des Hauses, war also braunhaarig, mit Dauerwellen wie aus den sechziger Jahren. Eine solche Welle, die man gar nicht mehr kämmen muss. Sie steht einfach, und mit dem Kamm kommt man eh nicht mehr durch.

Ist eigentlich auch praktisch, weil hier doch der Wind so weht. Und ob der weht. Ich zog meine Haarspangen stärker an. Und schaute weiter: Ein Junge, der Sohn des Ehepaares, drehte immerzu eine Runde um das kleine Zelt der bayerischen Familie. Die, gar nicht dumm, ihr Zelt an einen Strandkorb befestigt hatten. So umgingen sie die Leihgebühr und waren fröhlich, nicht zu bezahlen. Konnten sie doch das ersparten Geld in kleinen Eisportionen für die Kinder besser ausgeben.

Dann trat der Vater aus dem Zelt. Er hatte eine „Wampe", wie ich feststellte, aber das tat der Liebe wohl keinen Abbruch. Drei Kinder hatte diese Familie – nun, nicht unübel, bei der momentanen „deutschen Kinderknappheit". In Württemberg oder in Bayern, da ist die Welt noch in Ordnung. Der kleine Junge quälte jetzt den Großen und umgekehrt. Der Große fühlte sich vom Kleinen gequält, der ihn immer mit der Sandschippe schlug. Doch, auf einmal, kam der Vater und schlug beiden eine runter. Potz Blitz, das war gelungen.

Beide quäkten herum und dann nahm Vater beide und kaufte ihnen ein Eis. Mutti schnitt, so wie es aussah, bestimmt Kartoffeln für den Kartoffelsalat. Kommt mir irgendwie bekannt vor. Ich schaute wieder herum. Wie würde das hier weitergehen? Die Sonne brannte, ich schaute auf das Meer. Nun, ein paar Schritte konnte ich doch trotz meiner Krankheit tun. Ich bin schließlich nicht als Faulpelz geboren worden.

Ich tat es. Früher wäre ich gleich in jedem Wasser geschwommen. Aber nun: Ich erreichte den

Rand des Wassers, das eher eine graue Brühe war, mit vielen Menschen drin. Die wohl in der zurückgehenden Flut wandern oder Kneippkuren machten. Oh, was sollte ich nur machen? Ich traute mich auch ein wenig vor, aber das Wasser blieb kalt - und nicht blau und warm, wie am Mittelmeer.

Also lieber wieder zum Strandkorb zurück und etwas lesen. Gott sei Dank wurde ich hier nicht von Blicken verschlungen, wie das früher mal so üblich gewesen war. Nur manche Opas schauten durchaus in meine Richtung, und so ein leicht geistig oder körperlich Behinderter, wie unschwer an seinem Gang zu erkennen war. Er lief um alle alleinstehenden Bikini- oder Oben-Ohne-Schönheiten herum. Das tat mir eigentlich ganz wohl, ich fühlte mich wie die anderen Damen, gar nicht mehr „angemotzt" oder in „reif für den Urlaub"-Stimmung. Ich las, und las, und las und dann bekam ich Hunger. Mein Bütterchen hatte ich schon gegessen.

Ja, ich könnte doch mal schauen, ob es hier nicht eine Bude gab, an der ich mich wie die anderen auch von meinen Hunger befreien könnt. Also nichts wie auf, schnell einen Pullover umgehangen. Ich hatte gerade ein paar Schritte gemacht, da wurden meine Schritte langsamer, was war denn? Ich bekam keine Luft mehr, suchte mein Asthma-Spray - hatte ich es etwa nicht dabei?

Ich musste mich setzen, sank erschöpft zu Boden am Rand des Weges. Es ging nun mal nicht anders. Radfahrer, alte Omas fuhren an mir vorbei und ich, mit meiner Krankheit, musste Pause machen. Aber das gehört jetzt wohl zum Leben dazu. Das musste ich lernen. Ich lernte, nach einer Weile stand ich wieder auf. Nun musste es genug sein. War es auch, meine Muskeln hatten sich erholt, ich konnte erfreulicherweise wieder hundert Meter laufen .

Die Aufgabe wartete schließlich auf mich. Etwas schwerer atmend näherte ich mich der Pommesbude. Endlich da, aber ach Gott, ich musste nun auch noch die Toiletten besuchen. Darum kam ich nicht umhin. Doch das wurde auch geschafft, voller Freude ließ ich mir dann ein paar Pommes frites mit Mayonnaise verkaufen, und setzte mich zu den anderen auf die Bank.

Da waren viele gebräunte und urige Gestalten - kurze Badehose, lange Badehose, kurzer Bikini mit Hüftpolster bei der Dame.Oder mit strähnigen längeren Haaren, kurze Haare, Bubikopf - aber alles nicht so fein gekämmt, sondern eher verwegen vom Wind durchgeweht. Beine mit knappem Bikini, ganz matronenhaft, dann wieder dicker Bauch und ungekämmte Haare.

So sahen wohl früher die Wikinger aus, die hier im Norden doch lebten. Von meiner Sorte, „gepflegte Frau in den Vierzigern", leicht modisch angehaucht, gab es weniger Exemplare.

Die kamen wohl höchstens am Wochenende und ließen sich dann „gut aussehen". Sie hatte meist ihren Manne im Gepäck, der auch in kurzen Boxershorts gepflegt aussah. Ihre Haare dabei vom Friseur gekonnt zurecht gezupft, durchaus manierlich, „guter Topfschnitt" - der ihr aber gut stand.

Hüftjeans, weiße Bluse, schlank gewachsen, was sollte ich dagegen tun?

Ich war gut gebaut, aber eher etwas üppiger, und das versteckte ich immer, denn damit konnte ich nicht protzen.

Das hatte meine katholisch-nonnenhafte Erziehung mir verwehrt, ich hatte es, aber ich durfte es nicht zeigen, auch mit fünfzig nicht. Wann hört dieses sich schämen, auch noch im Alter, denn endlich auf? Und wofür aber auch?

Als ich abends, vom langen Liegen erschöpft, den Korb in der Hand und ganz ermüdet nach Hause ging, sah ich dann einen interessanten Mann in meinem Alter. Ungefähr zumindest, allein, hochgewachsen, eine leichte Hakennase. Ein akademisches Gesicht, ein bisschen hager, und dann, dann passierte es mir. Er hatte sich ebenfalls auf die Bank gesetzt, auf der ich eine kleine Pause machte.

Ich öffnete meinen Mund und fragte, von der Sehnsucht nach männlicher Begleitung getrieben, „Möchten Sie nicht mal eine Runde mit mir spazieren gehen?"

Hätte ich mir mal lieber auf die Zunge gebissen. Man spricht erstens einen Mann nicht an und zweitens überlegt man sich das vorher, ob es klappen könnte.

Denn seine Absage traf mich wie die eiserne Axt das arme Holz. „Ich bin noch nicht gesund und möchte jetzt noch keinen Spaziergang machen!" Nun gut, Ende aus, bevor es überhaupt angefangen hat.

Badeärzte und „therapeutische Gespräche"

An einem der nächsten Tage konsultierte ich mit meiner Krankheit dann einem Badearzt, der mir empfohlen worden war. Aber der reagierte auch allergisch auf mich und sagte: „Warum sind Sie eigentlich hierher gekommen? Haben Sie zu Hause keinen Neurologen?"

Hielt er mich für eine Simulantin? Er rechnete dafür aber ein „therapeutisches Gespräch" ab. Wofür eigentlich? Wo war nur das „Therapeutische" geblieben? Ich hatte nicht mitbekommen, wo es gewesen ist. Weder fühlte ich mich gut verstanden noch gut therapiert.

Aber vielleicht war das nun gerade die Therapie. Ein klarer Fall für die Online-Prüfungen von Arztrechnungen. Und ich merkte auch, das es nicht so passend war, allein zu verreisen. Denn man war den lieben langen Tag damit beschäftigt, zu schauen, was die anderen machen - und man fühlte sich den anderen unterlegen. Da war sie eben, meine Krankheit, ich musste damit leben.

Auch wenn ich mich tagsüber an der schönen Nordsee im Strandkorb ordentlich ausgeruht hatte - begab ich mich auf den Nachhauseweg, war ich doch ganz schnell wieder erschöpft. Und die Strandkorb-Wärter-Dame in ihrem Strandkorb-Wärter-Häuschen, die sorgte auch nicht für mich, eher wieder für die anderen.

Denn sie hatte kein Verständnis dafür, dass ich mein Handtuch im Korb gelassen hatte - obwohl ich doch den Strandkorb für zwei Tage gemietet hatte. „Die Schlüssel müssen abends abgegeben werden, in jedem Fall, sie können sie in den Kanal werfen, hier am Häuschen!“

Den Einwurfkanal, den musste sie mir dann aber erst mal zeigen. Es gab kein Pardon, nie gar es Pardon! So ein blöder Urlaub, überall nur Schilder mit Verboten, vieles war verboten, vieles gab es nicht. Es gab nicht die eigene Strandliege, es gab keine Animation, es gab keine netten Animateure, wie früher in der Türkei.

Das Wasser war kalt, vom Strand zum Hotel war es weit, fast 200 Meter, und es gab keine Strandduschen. Aber komische Ehepaare, die wie die Hesselbachs aussahen, aber es nicht waren, denn die quatschen doch mit allen. Das gab es hier nicht. Mein Kopf dröhnte, allein würde ich hier aus der Nummer nicht mehr herauskommen.

Urlaub mit Tochter

Ich überlegte nicht lange und dachte mir: Eigentlich hat dein Töchterchen doch auch Urlaub nötig - und ich bin hier und hier kann sie mich besuchen. Und: Gesagt, getan, ich nahm mein Handy, um sie später anzurufen. Ich wartete auf den Abend, und war eigentlich schon mal guter Laune. Voller Elan lief ich wieder zu meinem Strandkorb.

Aber ein unschöner Nachmittag sollte mich hier erwarten.Ich hatte den Strandkorb so gewählt, dass ich es nicht so weit zum Wasser hatte, gleichzeitig aber auch geschützt saß, nicht direkt am Wasser. Die Blicke der alten Opis hatte ich bereits unangenehm registriert - obwohl man hier davon ausgehen kann, dass hier niemand angefallen wird, das heißt „angemacht wird".

Die kühle Luft, der weiße Sand und das kühle Wasser ließen keine erotischen Neigungen aufkommen. So wie dass in muslimischen Ländern schon mal so ist, wenn die Männer all ihre Triebe unterdrücken müssen und die europäischen Frauen als „leichte Mädchen" ansehen.

Ich wollte einfach im Strandkorb relaxen. Zwar kam auch so manche Badenixe vorbei, vorwiegend machten die Leute aber eher Kneippsches Wassertreten. Da es mir einigermaßen ging, dachte ich, jetzt sollte ich aber mal schwimmen können. Aber ich war eine Ignorantin, denn erst mal muss man laufen, über den glitschigen Boden. Man hat nicht direkt Sand unter den Füßen, sondern eher Matsch und ab und an tritt man noch auf kleine Flusskrebse. Einfach weitermachen wie immer ging nicht, und die Folgen sollte ich noch später spüren.

Ich wünschte mir wirklich mein zweiter Mann wäre noch bei mir, der hätte mir nämlich geholfen, hätte mich vor manchem Unbill bewahrt. Aber ich hatte immer seine Sexualität gefürchtet. Wie so oft - denn zweimal habe ich bei ihm im Schrank Pornofilme gefunden.

Meine Tochter kam dann nachmittags an. Ich freute mich sehr. Nur konnte ich gar nicht mehr sprechen, warum wusste ich auch nicht. Aber das war nicht unser Problem.Sie hatte mich nun schon im Krankenhaus gesehen und begutachtet. Die Sonne schien schön und wir setzten uns erst einmal zusammen und aßen etwas im Strandrestaurant.

Ich hatte eine Suppe bestellt, aber die bekam ich kaum herunter. Schade um die schöne Gulaschsuppe. Wir verlebten einen schönen Nachmittag und auch Abend und freuten uns, dass wir uns so viel zu erzählen hatten – soweit ich erzählen konnte. Der schöne Blick vom Restaurant aufs Meer entschädigte für vieles und nun musste ich nicht mehr ganz allein dasitzen.

Denn heutzutage ist man aufgeschmissen in deutschen Landen. Da bleibt man allein, oder musste sich schon als Gouvernante bei einer Familie anbieten. Ansonsten bekommt man an der „gemeinen" Nordseeküste keinen Kontakt. Ich war sicher auch nicht einfach, aber es war hier eher das Mekka der Familien und alle anderen - Singles wurden schon als Außenseiter angeschaut.

Da lobe ich mir doch den Süden, den Süden Europas. Da gibt es zwar viele Braunäugige, aber im Urlaub ist man da besser aufgehoben, denn in den Touristengebieten kümmert man sich mehr um die Leute und Touristen. Jedenfalls nach außen hin. Und das reicht manchmal, mehr will man als Urlauber nun gar nicht.

Morgens gingen wir dann noch mal die nächsten zwei oder drei Tage an den Strand. Ich konnte es einfach nicht verarbeiten, dass ich hier nicht direkt schwimmen konnte. Ich versuchte es noch mal, ins Wasser zu gehen. Ich wollte auch mein Töchterchen mitnehmen, aber sie weigerte sich, schon die Unannehmlichkeiten ahnend.

Ich wagte es dann auf eigene Faust, selbst ist die Frau! Als ich dann endlich aus dem Wasser raus kam, lief ich ein wenig enttäuscht zu meiner Tochter, die im Strandkorb saß und ein Frauenmagazin las.

Sie schaute mich nur an und sagte zu mir: „Dass du aber auch immer so weit raus laufen musst - und immer was Neues machen musst." Ich fühlte mich weit entfernt an meine Mutter erinnert, die hätte auch so etwas sagen können.

So gehen wir durch alle Stufen des Alters durch, sind Jugendliche, wollen alles im Gegensatz zu den Eltern machen, bis wir unsere eigene Persönlichkeit gefunden haben. Und dann sind wir Erwachsene, und erziehen unsere Kinder nach den Grundsätzen unserer Eltern. Ok, wir sind schon mal etwas aufgeschlossener und reformfreudiger, quälen unsere Kinder nicht mit den Schulabschlüssen, die unsere Eltern für uns wollten und lassen sie aufwachsen mit weniger Druck.

Und was kommt dann? Von den Kindern , die wir freiheitlich erzogen haben, fast antiautoritär, kommt ein solcher Spruch, dass wir uns wieder so wie Kinder fühlen! Das hat aber auch mit dem Alter zu tun: Da werden wir automatisch wieder wie Kinder, und wir haben nicht mehr über alles die Befehlsgewalt. Die wird uns schon mal aus der Hand genommen, besonders wenn wir so eine Krankheit haben. Da müssen wir schon mal den Mund halten.

So habe ich dann beschlossen, mich für den Rest des kleinen Urlaubs angepasst zu verhalten und nicht den großen „Macker" zu riskieren. Leider tue ich das manchmal gerne. Morgens haben wir dann gemütlich gefrühstückt, das musste ich so endlich nicht mehr allein, und abends haben wir auf der Terrasse gesessen und haben etwas getrunken - wobei dann Mama zahlen musste.

Und im Strandkorb habe ich so neben meiner netten Tochter gesessen, die wirklich einen wunderschönen jungen Körper hatte. Ich fühlte da um so mehr meinen älteren Körper, aber so schlimm war das auch nicht. Es war so oder so kein Mann da, um den wir hätten „rivalisieren" müssen.

Ich hatte immerhin einen netten Gesprächspartner, mit dem ich die Pizza auf dem Balkon zu mir nehmen konnte - ohne dass ich gesehen wurde. Denn manchmal bekam ich wegen dieser blöden Krankheit keinen Bissen herunter.

Ich konnte auch schon mal anfangen, meine Tabletten gegen die Krankheit zu nehmen, denn die lösten Schwitzanfälle aus, wie der Arzt mir lachend gesagt hatte. Er hatte gut lachen, denn er musste nicht schwitzen. In dem kühlen Meerklima war das aber ein guter Anfang, denn der Wind wehte ordentlich und man konnte das Schwitzen gut aushallen. Und ich musste ja auch keine fremden Männer mehr ansprechen - und hatte einen Partner bei Spazieren gehen.

Doch die schöne Zeit war schnell herum. Wir planten die Rückfahrt, und ich schaute einmal mehr dumm drein, als meine Tochter vorschlug, getrennt fahren, nicht im „Konvoi". Es erinnerte mich sanft an ihren Vater, der auch bei der Rückfahrt vom Ski-Urlaub davongerast war, um nach Hause zu seinen Trinkgenossen zu kommen. Und mich mit dem Baby langsam hinterher fahren hieß. Damals habe ich das nicht verstanden, dass man sich so schnell lösen muss, vom Partner, mit dem man eben noch zusammen war. Aber vielleicht hatte ich einfach zu viel „Klebemittel" von meiner emotional recht abhängigen Mutter mitbekommen. Wollte so einfach immer mit den geliebten Menschen zusammen sein - und konnte keine Trennungen ertragen.

Politische Meetings und ihre Folgen

Nun, der Urlaub war vorbei, und es hatte leider bereits die ersten Anzeichen gegeben, dass mein weiteres Leben nicht so einfach werden sollte. Ich hatte mich von den Ärzten zwar so einigermaßen versorgen und bereden lassen, doch mein Zustand, mein körperlicher Zustand, wurde ernster.

Aber es gab ja auch noch das „normale" Leben: Ich war eingeladen gewesen, zu einem Empfang einer hiesigen Partei, auf der wir einige politische Themen besprechen sollten. Mein Auto hatte ich einer Tiefgarage geparkt.

Mittags oder besser am Vormittag war ich noch zu einem Arzt gegangen. Da ich leichten Durchfall hatte, fühlte ich mich nicht wohl und suchte Rat. Im Wartezimmer war es voll gewesen. Die Menschen saßen dort alle herum, lasen in Zeitungen, die ausgeliehen waren, räusperten sich, und einer nach dem anderen ging rein ins Sprechzimmer.

Dann war ich an der Reihe: „Hallo, was führt Sie zu mir?" Das war so die übliche Frage, die Ärzte stellen. Ich sah die Ärztin prüfend an und dachte: Was wird mich hier erwarten, werde ich wieder mit Tabletten vertröstet werden? Kennt sie meine Krankheit, die nur einer von fünftausend bekommt? Oder nur „eine" von fünftausend, und die war ich, ich armes Schwein.

Wird sie Kompetenz beweisen oder mich auch nur abfertigen, wie die anderen Ärzte vor mir? Ärzte, die keine Ahnung von der Krankheit hatten. Man muss sie eben erst erlitten haben, um mitzusprechen, die Durchfälle, die Nackenschmerzen, die roten brennenden Augen, die Unfähigkeit, sich die Haare zu kämmen oder eine Dusche zu nehmen. Denn man brach nun vor Kraftlosigkeit in der Dusche zusammen - wenn man die Tabletten nicht nahm. Die Ärzte waren dagegen nur fürchterlich froh, wenn sie endlich die Diagnose hatten.

„Ich habe wohl eine Myasthenia gravis, wie mir gesagt worden ist. Und ich soll hier Mestinon oder Kalymin nehmen, aber ich vertrage das wohl nicht so gut", stellte ich deshalb schon mal klar. „Ach Myasthenie haben Sie", meinte sie ganz freundlich, „da habe ich mehrere Patienten, die haben das auch. Aber das ist eigentlich kein Problem, wenn man von den Medikamenten gut eingestellt ist."

In mir keimte Hoffnung auf: Mmmh, wenn man „von den Medikamenten gut eingestellt ist", das hörte sich doch gut an. Also, alles war machbar, nur ich wusste das noch nicht. Man musste nur „seine" Medikamente nehmen, dann wurde das Leben wieder schön einfach.

Was war ich nur für ein Esel gewesen, dass ich das wieder nicht verinnerlicht hatte. So blöd konnte auch nur ich sein, dass ich das nicht wusste. „Aber zu ihrer Sicherheit müssen wir ein EKG machen, und den Urin untersuchen und mal einmal sehen, wie Ihre Blutwerte sind."

Ich war nun ganz fröhlich, wenn alles so einfach war. Ich legte mich gerne auf die Pritsche oder besser Liege, ließ mir die Elektroden für das EKG ankleben und machte höflich Urin in einen Plastikbecher - und gab ihn auch noch ab.

Nach einer Weile wurde ich wieder ins Besprechungszimmer gerufen und aufgeklärt: „Ihr Urin ist in Ordnung und das EKG auch. Sie sind also relativ gesund und wenn Sie denn Bauchschmerzen haben, dann nehmen Sie doch mal eine Immodium! Und hier schreibe ich Ihnen Mestinon auf, und da nehmen Sie immer zehn Milligramm, im Abstand von vier Stunden."

Ich hatte gesehen, wie hier der Urin schnell untersucht wurde: Es wurden nämlich so Stäbchen in den Plastikbecher getaucht - und gleich die Diagnose angesagt. Und solche Stäbchen zum Urinfeststellen hatte ich auch zu Hause! Frohen Mutes, wie man so schön sagt, ging ich also nach Hause. Jetzt konnte ich weiterleben, jetzt sollte das Leben wieder gelingen!

Abends, wie angesprochen, ging es dann zu meinem politischen Meeting. Ich kam in den Saal, in dem schon einige saßen, und bekam noch einen Platz. Ziemlich weit vorne, und leider war es war stickend heiß. Ich hatte schon eine Tablette gegen Durchfall genommen und nahm noch eine gegen die Myasthenie und meine „bulbäre" Sprache und dachte, nun wird es gehen, nun kannst du was sagen - zum Thema.

Noch war meine Minute nicht gekommen und ich wartete. Zu meiner Nachbarin sagte ich ahnungslos: „Mmmh, was ist es hier heiß", sie aber sagte nichts. Und dann plötzlich hörte ich aus weiter Ferne, wie ein Mann zu mir sagte: „Frau Schnellfeuer, sind Sie noch da, geht es Ihnen gut?"

Ich schaute auf und sah die anderen nur wie weit in der Ferne und merkte, wie man mich hinaus führte. Dabei sah ich noch meine Freundin vor mir sitzen und sagte: „Hallo Gabi, du kommst doch mit, dich brauche ich." Dann führte man mich an die frische Luft. Ich musste aber noch mal rein, ich musste für kleine Mädchen.

Draußen auf der Terrasse merkte ich, dass mir schlecht wurde und ich mich übergeben musste. Alle waren aber sehr nett zu mir, man brachte mir einen kleinen Eimer und fertig war ich. Alles kam raus, und dann kamen auch schon Sanitäter auf mich zu.

„Hallo junge Frau, dürfen wir Sie mitnehmen?" Ich dachte nach. Wahrscheinlich war mir der Tablettencocktail nicht bekommen, und ich schwitzte fürchterlich.

Ach dachte ich, dann gehe ich eben ins Krankenhaus, einmal muss es nun sein. Ich habe hier die ganze Sitzung aufgehalten, einmal muss es sein, sie sollen mich auf die Tabletten einstellen, ich weiß nun auch nicht mehr.

Na ja, im Krankenhaus würde ich mich erst einmal umsorgen lassen. War doch auch ganz schön, wenn mir die Bereitschaftsärztin die Backe tätschelte und mir sagte: „Hier sind Sie erst mal in guten Händen." Da konnte ich gleich zu schwitzen aufhören.

Also wurde ich ins Krankenhaus gefahren, checkte über den Hintereingang ein, und rief sogar noch irgendwie vom Handy aus meine Tochter an, dass mein Wagen in der Tiefgarage stände.

Worauf sie den Wagen am nächsten Tag mit ihrer Freundin nach Hause schaffte, bemerkenswert meine Kleine!

Um elf Uhr nachts kam ich so auf die „Neurologische". Ich durfte mich in einem Bett vom Typ „Sicherheit geht vor" drehen und wenden, und hatte ein Krankenhausshirt an, wie der Hauptdarsteller von „Einer flog über das Kuckucksnest". Keine schlechte Gesellschaft.

Oberarzt oder Chefarzt?

Ich schlief natürlich kaum, weil alles so ungewohnt war. Aber hier hatten sie wohl meine körperlichen Reflexe unter Kontrolle und das war mir ganz lieb, wo doch mein Körper so unkontrolliert auf der Sitzung versagt hatte. Nein, denn das geht einfach nicht, wir wollen schließlich alles im Griff haben.

Am nächsten Morgen tröstete mich ein gutes Frühstück darüber hinweg, dass ich im Krankenhaus war. Dann kam der Professor: Als ich aber betonte, ich könnte nur belegärztliche Leistungen in Anspruch nehmen, verabschiedete er sich mit einem freundlichen „Menschen machen eben Fehler" und der Oberarzt kam stattdessen .Immerhin hatte ich ich durch meine korrektes Vorsprechen hinterher wenigstens keine Rechnungen aus eigener Tasche zu bezahlen.

Die „Chefarzt-Klausel" hatte ich wohl bei meinem Krankenhausversicherungsvertrag vergessen, na ja, auch egal. Denn der Oberarzt war genauso nett, nur hinterher gab es wieder ein Desaster - aber erst einmal fühlte ich mich gut.

Es kamen nun einmal mehr die üblichen Untersuchungen - zum Blutuntersuchen ab in den Keller - dann zum MRT ins Labor. Aber es hielt sich alles in Grenzen, und man konnte mit den Mit-Kranken kommunizieren.

Der Oberarzt versuchte in den Tagen danach mit meiner Myasthenie fertig zu werden, täglich bekam ich drei Tabletten Mestinon, dazu noch

Blutdrucksenker - weil sie bemerkten, und auf meine Bitten hin - dass mein Blutdruck unter Mestinon hochging. Und nachts auch noch eine Schlaftablette, damit ich ruhig war!

In meinem Zimmer war natürlich als Zimmergenossin auch eine alte Dame, die nachts nie durchschlief und immer um Mitternacht den Pfleger rief und dann angeblich auf Toilette musste.

War es der Trieb, die Libido, die unbewusst im Körper kämpfte? Das „Es" ließ es sich nicht nehmen,, die alte Dame und damit auch mich nachts wach zu machen.

Bis ich mal ganz entschlossen, immerhin aus therapeutischer Notwendigkeit, nachts zu ihr sagte:" Liebe Frau Nachtsmüssendorf, sie müssen doch nachts gar nicht! Alle kommen umsonst, der Pfleger, die Nachtschwester, schlafen Sie mal durch!"

Da schlief sie wirklich mal nachts durch und schnarchte nur wie ein Wandergesell auf langer Wanderschaft - und ich konnte dann ebenfalls nicht schlafen. Ich musste mich derweil, weil sie irgendwann entlassen wurde, erneut mit einer anderen Zimmergenossin in hohem Alter herumschlagen. Wichtig war hier dann die Frage, ob nachts das Fenster auf oder zu bleiben müsse!

Mein Oberarzt, Dr. Breitauge, eine netter Mann, hatte erfreulicherweise inzwischen meinen Tablettenkonsum überwacht und mir nachts ein kleines Schlafmittel verordnet, dass mich durchschlafen ließ. Tagsüber immer schön 10 mg Mestinon alle vier Stunden und dazu die Blutdrucksenker.

Als meine Tochter mich besuchen kam, und mir neue Unterhosen brachte und auch ein paar Slips, da war ich dann aber doch aufgeregt, und merkte, wie meine Augen rollten - das war der hohe Blutdruck.

Auch meine nette Freundin, die maßgeblich an meinem Krankenhausaufenthalt beteiligt war - denn sie hatte den Rettungswagen mitbestellt - kam und brachte mir „bunte Blätter". Das heißt Zeitschriften, und auch das produzierte Aufregung in mir.

Ich war aufgeregt, dass ich bisher im Krankenhaus lag, allein und schutzlos.

Ohne „Brigitte" und all die netten Frauenzeitschriften, die immer die richtigen Tipps geben. So zum Beispiel „Wie verhält man sich, wenn er fremdgeht?" oder „Was ziehe ich an, wenn die Schwiegermutter kommt?" oder „Was koche ich, wenn seine Eltern zu Besuch kommen?"

Nur das Thema Krankenhaus und schwere Krankheit kam nicht dort vor. Und es gab auch keine Verhaltensmaßregeln, was man macht, wenn man den Kopf nicht auf die Arme stützen kann, wenn man keine Kraft in den Muskeln hat? Und was man dann macht, wenn die Nachbarin, die Seniorin, Besuch von ihrem Mann erhält? Und die dann noch Händchen halten - und wenn man dann selber keinen Mann hat, der einen besucht.

Welches Nachthemd zieht man dann an, das mit den Rüschen, soll man den Stationsarzt anmachen, trotz der Krankheit, oder wie hat Frau sich dann zu verhalten? Wie Effi Briest? Schön in Weiß und mit Schleifen verkleidet, so als Unschuld vom Lande, oder darf man einfach nur krank und hilflos sein? Fragen über Fragen.

Der Kampf um die Schlaftablette

Dann kam das Wochenende und meine Nachbarin, Frau Alt-Und-Vornehm, bekam wirklich viel Besuch. Wie ich schon ahnte. Stets saß ihr Manne zwei Stunden lang an ihrem Bett und sie hielten fast immer Händchen. Ich zog mir schon meinen Morgenrock an und lief ins Besuchszimmer oder zum Kiosk, ich konnte es in meinem Bett nicht mehr aushalten.

Ich fühlte mich leidlich, aber auch nicht total unleidlich. Das heißt ich war irgendwie krank, aber eigentlich doch nicht, manchmal konnte ich den Kopf schlecht heben, denn ich hatte zu wenig Kraft in den Muskeln.

Das Essen war gut, aber irgendwie kam ich nicht weiter. Morgens brachte mir die Schwester immer meine abgezählten Tabletten, doch den einen Samstag fehlte die Schlaftablette. Ich dachte, die würde noch kommen und ahnte nichts Böses.

Aber sie kam nicht. Abends sprach ich die Schwester an: „Hallo, Schwester, es fehlt die Tablette für die Nacht. Bekomme ich die noch?" - „Ach ja, die fehlt? Da muss ich mal schauen", sagte Frau Schwester und ging aus dem Zimmer.

Dann nach einer Weile erschien sie wieder: „Die Tablette ist ausgeteilt worden, Sie müssen sie haben!" Ich verneinte energisch: „Aber ich habe keine Tablette, sie fehlt!" Die Schwester mindestens ebenso energisch und konsequent: „Sie haben eine Tablette bekommen, und es gibt keine weitere!"

Ich hatte verstanden und sagte nichts mehr. Ich hatte nun noch Tabletten, Blutdrucksenker aus meinem eigenen Bestand in meiner Handtasche. Aber als ich abends nachschaute, hatte ich doch keine Tabletten mehr. Ich legte mich erst mal guten Willens hin und dachte, ach, dann schlafe ich so: Doch meine Zimmernachbarin schnarchte, mir war es zu heiß, und dann war mir auch noch zu wenig Luft im Zimmer. Ich konnte einfach keinen Schlaf finden. Ich ging raus und fragte nach meiner Tablette. Die Schwester: „Ich kann Ihnen keine Tablette geben, die Tabletten sind abgezählt, sie haben laut Protokoll schon ihre Tablette bekommen."

"Mmh, mmh", sagte ich, "und wann kommt der Arzt heute Nacht?" Der käme gleich in zehn Minuten.

Ich wollte warten, auf den Arzt, versprach mir da mehr Verständnis. Aber weit gefehlt, der Arzt war eine Ärztin, eine Türkin, die sehr ängstlich aussah. Dennoch trug ich ihr meine Beschwerde vor.

Aber auch sie: „Ich kann ihnen keine zusätzliche Tablette geben, die sind abgezählt, das geht nicht." Ich hörte schon die Engel singen, sind die denn hier alle von den guten Geistern verlassen, dachte ich, eine kleine Tablette und so viele Um-

stände! Meinen die tatsächlich, ich wäre tabletten-
süchtig oder was? Ich hätte gut und gerne Theater
gemacht, aber dann setzte ich mich ins Besucher-
zimmer und las und las - und konnte nicht schlafen, aber das störte hier niemanden. Hauptsache
die Klinik funktionierte.

Am nächsten Morgen, samstags, wollte ich den
Oberarzt sprechen. Aber auch das ging nicht, er
war in Urlaub, ohne sich von mir zu verabschieden. Die Stationsärztin, die ich dann zu mir rief,
hatte keine Ahnung von meiner Krankheit und
meinte nur, ich solle ruhig bleiben. Ich bekäme
nun abends meine Tablette wieder. Aber das war
noch nicht alles: Mir war so langweilig, und Frau
Alt-Und-Vornehm hatte wieder ihren Besuch ohne
Ende. Ich dagegen lag in meinem Bett und konnte
den Kopf nicht so gut heben. Ich war froh, als meine Tochter auch kam und besprach dann mit ihr,
dass sie mich am Sonntag abholen sollte.

Denn hier wurde ich auch nicht gut behandelt
und was sollte ich so noch länger hier bleiben - der
Spezialist war doch in Urlaub. Gesagt getan, ich
verließ das Krankenhaus gegen den Willen der be-
handelnden Ärzte- und Schwestern-Elite. Das
musste ich auch noch unterschreiben, aber mir war
wohler, als ich zu Hause war.

Hier konnte ich nun wenigstens tun und lassen,
was ich wollte. Ich fühlte mich zwar noch ein bisschen schlapp, aber meine Tablettendosis hatte ich
jetzt dabei und sogar verstanden, was ich nehmen
musste. Ich fühlte mich erst Mal wieder einigermaßen!

Krankenhaus Nr. 3 - Das „Westfälische"

Nun sollte ich zum dritten Mal ins Krankenhaus - und das fand ich gar nicht toll. Aber was blieb mir? Die Krankheit ging nicht weg, im Gegenteil: Sie war wieder da, unmissverständlich. Die Medikamente schlugen nicht an, jeden Tag Nackenschmerzen, Schmerzen im Darmbereich, rote Augen wie ein Kaninchen.

Und: Nicht-Sprechen-Können, das konnte einem schon das Leben versalzen. Ich vegetierte dahin, so meinte ich manchmal. Ich dachte nie mehr an Männer und an Sex. War ich automatisch alt geworden?

Ein älterer Freund hatte früher mal gesagt, als ich quasi noch in der Blüte meines Frauseins stand, „Essen ist der Sex des Alters!" Und ich hatte das gar nicht so schnell begriffen, denn ich fühlte mich damals noch sexy und meinte, mein Freund sollte sich auch so fühlen. Aber der hatte bereits einen Burn-Out hinter sich und fühlte wohl nichts mehr - genau wie ich heute.

Ja, was heißt es aber auch, sich sexy zu fühlen? Das war wohl so eine Art Gassenhauer von mir, in dem ich mich immer beruhigte: Du bist begehrenswert, Du bist attraktiv! Um mir zu sagen: Auch wenn du gerade keinen Partner hast, trotzdem bist du attraktiv.

Im Grund ist das doch so egal: Haben wir einen Partner, dann können wir mit ihm Sex haben, haben wir keinen, haben wir keinen Sex haben. Nicht alle Leute finden Sex so wichtig, man kann auch ohne leben.

So viele Dinge finden ohne Sex statt, im Arbeitsleben zum Beispiel, wer wollte da immer Sex ins Spiel bringen? Ich glaube, das war eine schlechte Eigenschaft von mir gewesen, wodurch ich mich selbst am Leben hielt. Trotz mangelnder körperlicher Erfüllung, um mich zu schätzen, und mir nicht sagen zu müssen: Hallo Mädchen, du bist nun allein.

Ich konnte mir immer so schlecht vorstellen, dass ich aktiv auf einen Mann zuging. Und das konnte ja auch mal in die Hose gehen, das heißt, denn ich müsste ihm an die Hose gehen. Und noch hatte ich Angst vor einer Zurückweisung, deswegen tat ich so etwas auch nicht, ich bin nicht so ein aktiver Typ.

Auf zu Station 14

Zurück zum Wesentlichem, zumindest in meinem derzeitigen Lebensstadium: das Krankenhaus. Weil sich meine Krankheit nun nicht besserte, setzte ich mich ins Auto, schaute auf den Routenplaner, und überlegte, wo ich hin sollte. Ich tankte mein Auto voll, tat Geld in mein Portemonnaie, und verabschiedete mich von Freundinnen und Tochter.

Ich bekam einen Termin im Schlaflabor in Persebeck-Münster, wurde für Station 14 angemeldet und packte deshalb meine Siebensachen für zwei

Nächte wie vorgesehen. Das heißt: Einen Schlafanzug für zwei Nächte, ein paar Strandpartoffel - ich wollte schließlich nicht wie eine Oma aussehen - rote Nägel, das durfte man zwar nicht, und nach Hautcreme sollte man auch nicht riechen, wegen der Medizin.

Entsprechende Vorahnungen kamen so schnell: „Das kann ja heiter werden" oder „Ganz schön streng sind die hier!" Aber wegen der großen medizinischen „Schwere" meiner Krankheit tat ich eben alles, um ihr zu entgehen. Auch wollte ich dem Professor doch beweisen, das ich ihn ernst nahm.

Ich reiste dann pünktlich an und zwar um ein Uhr mittags, hatte meinen Wagen im Parkhaus abgestellt. Alles rational gut geplant, alles „Irrationale" ausgeschaltet! Dachte ich, aber sie war doch tief in mir drin, die Angst.

Dabei hatte mir nun meine Mutter durch ihre Herzkrankheit doch gut vorgemacht, wie man sich als Kranker zu verhalten hat. Und an dieser Wirklichkeit durfte man auch nichts kritisieren, denn das war wie eine heilige Kuh: Krankheit, Krankenhaus, Krankenhausärzte, Schwestern, Pfleger - eine eigene kleine Gesellschaft.

Also ich war um 13 Uhr pünktlich in „meinem" Krankenhaus, aber „meine" Ärzte waren nicht da und auch nicht „meine" Schwestern. Und obwohl ich eine siebzigprozentige Privatpatientin war, gab es keine freundliche Sekretärin, die mich empfing. Nun, ich wurde registriert und dann auf die Station gebracht. Dort konnte ich mich umschauen. Die

Schwestern und Pfleger waren in Teamarbeit dort, schauten in den Computer und unterhielten sich. Der Patient war wohl Nebensache. Ich schaute über die Theke und machte mich bemerkbar.

Mmmh, Mmmh, ich soll in ein Zimmer, wie geht das hier vor sich? „Warten Sie bitte noch einen Moment." Aber ich hatte schon eine Stunde gewartet und wollte nicht mehr warten. „Das muss hier aber irgendwie weitergehen", sagte ich leicht genervt. Dann endlich: Schwester Karin kam und zeigte mir mein Zimmer.

„Nehmen Sie doch erst Mal Platz und wir kommen gleich und der Arzt auch." Ich hatte mir glücklicherweise vorher eine Zeitung gekauft, eine von der „Yellow-Press" und auch noch von zu Hause ein Bütterchen und ein paar Gummibärchen eingepackt - die muss ich immer in schwierigen Situationen dabei haben.

Andere Patienten

Im Zimmer waren zwei Betten. Mit mir im Zimmer lag eine ältere Dame, so um die 80 Jahre, man konnte es schwer schätzen. Ihr ging es nicht gut und sie war nervös. Sie hatte ein Gitterbett, immer wieder drückte sie auf die Notklingel, aber niemand kam. Sie schwang im Bett mit den Füßen hin und her, dann wollte sie über das Außengitter steigen. Ich ging zu ihr hin, man hat ja nun auch ein paar menschliche Regungen, auch wenn ich hier bisher eher einen durchmischten Empfang hatte. Aber darum musste nun nicht die ganze Welt schlecht sein.

„Hallo, meine Liebe, geht es nicht so gut, sollen wir nach der Schwester klingeln?" Die alte Frau hatte einen verwirrten Blick und schaute mich gar nicht richtig an. Sie war vielleicht nach einer Operation, in einem etwas verwirrten Zustand. Ich drückte mit ihr zusammen die Klingel und sagte zur Schwester: „Sie war kurz davor, auszusteigen, aus dem Bett. Was hat sie denn?"

„Das darf ich Ihnen nicht sagen", so die Schwester kurz - und knapp. Dann kam die Tochter der alten Dame, beruhigte sie und löffelte einen Joghurt in sie hinein. Sie teilte mir mit, „Meine Mutter hatte ein Kopfephysem, deshalb ist sie so verwirrt."

Ich dachte nur: Hoffentlich muss ich das nicht auch später noch mitmachen, vergiss nicht deine Patientenverfügung und bring sie zum Notar. Wie schrecklich nüchtern bei uns alles gemacht ist und wie geordnet!

Die alten Damen liegen allein, kein Pulk von Migranten, die um ihr Bett hocken. Sie werden abgeschoben, die alten deutschen Frauen, als hätten sie nie Kinder groß gezogen, als hätten sie nie Feste gefeiert. Als hätten sie nie Bekannte gehabt, mit denen sie Kaffee getrunken hatten, als wären sie nie in der Kirche und sonst wo gewesen. Wo waren ihre alten Freunde, wie kann man nur so kalt mit alten Leuten umgehen?

Die alten Dame sollte abends dann noch in ein anderes Zimmer wechseln, damit ich mein Schlaflabor allein hatte oder ich weiß nicht warum? Ich hätte am liebsten geschrien: „Lasst sie bei mir, sie stört mich nicht, ich habe sie sogar gern."

Aber wollte ich mich in dieser Hierarchie nicht aufbäumen, ich musste nicht Michael Kohlhaas sein, sonst würde mich sonst noch eine Strafe treffen. Denn ich hatte auch schon Angst bekommen, und ich musste noch mit dem Stationsarzt sprechen.

Und jetzt wird geschlafen

Später sollte ich versuchen, mit all diesen Kabeln am Kopf und am Hals und am Rumpf zu schlafen. Allein in meinem Krankenhausbett, ohne meine geliebte Musik, ohne Pavarotti und Friends. Natürlich hatte ich eine kleine Schlaftablette genommen, wie zu Hause, denn welcher einigermaßen sensible Mensch der mit „Freud" und „Rogers" (meine Therapeuten) aufgewachsen ist, kann hier schlafen. Wer immer die Buddenbrooks gelesen hat und wem in Erinnerung ist, wie Hanno, der kleine Sohn gestorben ist, wer kann da in einem Krankenhaus schlafen?

Und der oder die, dessen Mutter im Krankenhaus gestorben ist, an einer „terminalen" Herzinsuffizienz, wer kann da im Krankenhaus schlafen? Und wessen Vater auch im Krankenhaus gestorben ist an der „Sepsis" im viel zu frühen Alter von fünfundsechzig Jahren - wer kann da noch im Krankenhaus schlafen!

Nun, ich war inzwischen in kurzer Zeit schon zwei Mal im Krankenhaus gewesen. Einmal zur Tabletteneinstellung, Myasthenie und Mestinon, und ein Mal zur Entnahme von „Liquor", wo mir gesagt worden war: „Meine liebe Frau Schnellfeuer, Sie haben eine Myasthenie, Sie lassen aber auch nichts aus, und ein Thynom haben Sie auch!"

Ich hatte damals im Krankenhaus gestanden, vor dem jungen dynamischen Arzt, der seine Sporttasche in seinem Behandlungszimmer geparkt hatte. In meinem lila Kleid und der weißen

Hose untendrunter und hatte gemeint, ich wäre doch noch nett und hübsch. Und trotzdem hat er länger mit einer vierundzwanzigjährigen Patientin gesprochen und mich kaum beachtet.

So hatte ich damals voller Scham, so einen schlechten Körper zu haben, die Diagnose angenommen und die Ängste, die dann auftreten können auch. Hatte mich gar nicht gewehrt, wie das in meiner Familie so üblich war und war dann nur voller Tränen innerlich zum Ausgang gegangen. Hatte vorher meine Patienten-CD über meinen Brustkorb abgeholt und wusste auch gar nicht, wem ich diese Diagnose mitteilen sollte.

Meine Tochter war das kleinste und schwächste Glied in dieser Kette von Generationen-Teilnehmern. Sie hatte einen trunksüchtigen Vater, der uns in dem zarten Alter ihrerseits von drei Jahren im Stich gelassen hatte - weil er nach der Geburt nicht auf Sex hatte warten wollen.

Da ist in seinem Büro eine mir ähnlich sehende junge Frau aufgetaucht, die hat er angesprochen und umworben und sie hat seinen sexuellen Wünschen nachgegeben. Er hat nun nichts davon gesagt, dass er verheiratet war - Männer sind oft feige und Lügner - für sie ist der Körper das allerwichtigste, scheint es. Den Körper zu haben und einen Orgasmus zu fühlen, das ist für sie wohl wie neu geboren werden. Aber vielleicht suchen sie auch in der Körperlichkeit Erfüllung, weil sie im Moment nichts anderes haben. Solche Thesen hat mir hinterher auch mein zweiter Mann unterbreitet.

Männer - und weibliche Körpergefühle

Natürlich ist es schön, seinen Körper zu fühlen, eine Lust zu fühlen, aber kann man das nicht mit anderen sozialen Erlebnissen verbinden, zum Beispiel dass man miteinander verheiratet ist? Anscheinend nicht, anscheinend hatte ich immer Sklaven ihres Körpers und Energiefresser kennengelernt - und habe die auch noch geheiratet. Warum war ich so wenig aufgeklärt und warum habe ich so wenig Bewusstheit über diese Vorgänge in erotischer und sexueller Hinsicht gehabt?

Weil wir Frauen von den Männern bewusst dumm gehalten werden, damit wir dieses Geheimnis von sexueller Anziehung nicht hinterfragen, denn dann könnten wir weniger gefügig sein. Und somit kein Objekt der Begierde sein. Und so wird das Bild der Frau, die dem Mann immer hörig ist und sich möglichst auch immer schön weiter wenig Gedanken macht - über diese Zusammenhänge - immer weitergetragen und immer weiter zementiert: „Sei schön und halte den Mund, dann bist du auch begehrenswert!"

Aber ich hatte keinen Mumm mehr, diese Rolle durchzuhalten. Ich hatte auch noch keine Vorstellung, wie meine neue Rolle aussehen sollte. Aber die alte Rolle, wie gerade beschrieben, die konnte ich nicht mehr durchhalten.

Weder war ich noch dermaßen schön, noch konnte ich meinen Mund halten. Ich ließ mir erst mal nichts gefallen, auch wenn fast nicht mehr sprechen konnte, vor lauter Angst. Na, mein erster

Mann, der hatte dann seinen Trieben nicht widerstehen können, wie später auch nicht seinen Depressionen und seinen Minderwertigkeitsgefühlen - und der alles in Wein und Bier ersäuft. Und das dreißig Jahre lang, ohne jemals wieder zu arbeiten.

Er hatte sein Erbe versoffen, wie man so schön sagt und ist immer noch weiter von den Frauen unterstützt worden.von seiner Mutter, die ihn immer angehimmelt hat und seiner Schwester, die ihm wöchentlich seine Wohnung gesäubert haben. Die jeglichen Gebrauch von alkoholischen Getränken anscheinend gut fanden und nicht bedachten, dass er einem Individuum und der Gesellschaft Schaden zufügt. Er hatte uns nun früh verlassen, und hatte so meiner Tochter erheblichen Schaden zugefügt. Und nun konnte ich diesem geschädigten Kind doch nicht noch sagen: „Deine Mutter ist schwer krank, du musst allein durchs Leben gehen!"

Also ,wem sollte ich jetzt verraten, dass ich demnächst schwer krank sein sollte? Und dass ich mich eventuell einer Operation zu unterziehen hatte, wo der Brustkorb aufgemeißelt werden sollte. Das konnte ich schon gar nicht in Betracht ziehen, denn schließlich hatte bereits meine Mutter eine By-Pass-Operation erlitten, und war dabei fast hopps gegangen. Weil ihre Kalium-Werte im Keller waren - ich hatte es selbst miterlebt, wie sie mich mit glasigen Augen verwirrt und bettelnd zugleich anschaute.

Ich hatte es ihren Augen angesehen, die Arme, dass sie bereits ganz weit weg war. Aber dank moderner Technik hat der Defibrillator sie zurückgeholt ins Leben - obwohl doch eigentlich der Brustkorb geöffnet war. Welch eine Operation oder welch ein Phänomen! Die Ärzte treten doch in Sphären ein, die wir gar nicht mehr begreifen können, wir Normalos.

Gerettet, obwohl ihr Leben doch gar nicht mehr so lebenswert war: Die Kinder aus dem Haus, der Mann gestorben. Eine mittelgute Rente, kein Auto, was blieb meiner armen Mutter denn? Ja, die Kirche, die Betschwestern, kein Sex mehr, keine Möglichkeit sich zu verjüngen. Meine Mutter war eine Anständige und eine Furchtsame. Sie wollte so eigentlich gar nicht mehr leben, aber sie hat dann meinen jüngerem Bruder Rückhalt gegeben.

Kriegsgeneration und Elternwünsche

Er sollte Professor werden, das hat sie immer phantasiert - so wie ich mich immer gut verheiraten sollte, auch mit einem Professor. Solch eine Familie von erwarteten Akademikern sollte wieder auf eine Familie treffen, die vielleicht finanziell erfolgreicher war.

So war das in der Nachkriegszeit, da sollten alle was werden, weil im Krieg komplett untergegangen war. Sämtliche sozialen Netzwerke waren gescheitert, ganz Deutschland hat in Schutt und Asche gelegen und auch die Hoffnungen aller Frauen waren untergegangen mit den deutschen jungen Soldaten in Stalingrad. Zu denen auch mein Vater gehörte, der aber überlebt hatte, in Russland. Gott sein Dank!

Damals hatte meine liebe Mutter zwei Kinder, eins im Bauch (das war ich) und eins an der Hand, mein älterer Bruder. Und sie hat alles durchgestanden, hat den Lazarettwagen erreicht, trotz der Bombenangriffe von den Tieffliegern. Das können wir uns heute gar nicht mehr vorstellen, wie das ist, wir schreien ja schon auf, wenn einer vom Rad fliegt.

Die Arme, mit Kindern und Schwangerschaft und mit dem kleinen Köfferchen, in das sie nun fast gar nichts packen konnte. Kein Handy, gab es damals noch nicht - keine Touchscreen-PC mit Apps, wo wir mal eben nach der nächsten Apotheke gucken.

Es gab keine Apotheke mehr, die war zerbombt, es gab nur das nackte Leben. Und da hat meine liebe Mutter die Uni-Zeugnisse von meinem Vater vergessen, die Bescheinigung, dass er schon das Vordiplom als Ingenieur hatte, an der Breslauer Universität. Das hat die Arme aus dem Frankenland mit den rassigen roten Haaren vergessen, weil sie für zwei kleine Kinder sorgen musste.

Und dann kam mein Vater aus dem Krieg nach Hause, fünf Jahre Russland auf dem Buckel und eine TBC in der Jacke, und hatte keine Zeugnisse, die ihn als Akademiker auswiesen. Da hat er alles noch mal nachstudieren müssen.

Er hatte nun keinen Freund in der NSDAP gehabt, der ihm das Ingenieur-Studium einfach bescheinigte aus Parteigründen, er war nie so raffiniert gewesen. So hatten wir auch nie ein Akademikergehalt zur Verfügung nach dem Krieg.

Und solch eine Familie von Gutmenschen und Abhängigen trifft auf eine Familie von wieder sehr Abhängigen. Die Familie meines ersten Mannes, die sich nach dem Krieg sehr wohl ein Haus mit Nachkriegsdarlehen gebaut haben, weil der Vater Abiturient mit Maurer-Ausbildung gewesen ist.

Da hatten sie also eine Residenz in einer vornehmen ländlichen Gegend und ich treffe den leicht alkohol- und liebessüchtigen Sohn des Hauses in einer Essener Diskothek - und es hat gefunkt. Und: Neue Kindern sollten gezeugt werden!

Wir Nachkriegskinder wir haben wohl alle zu wenig Liebe mit Kuschelfaktor bekommen, es war einfach zu wenig Babynahrung nach dem Krieg da, die hatten die Amerikaner weggebombt. Wo ist hier der rote Faden des Karmas geblieben, ist das alles Zufall? Die Vermischung der Kriegsgenerationen in einem ländlichen Vorort von Essen - oder hat das was mit Geschichte zu tun?

Männer und Frauen auf Station:
Der Stationsarzt

Ich musste mit dem Stationsarzt sprechen. Denn sie hatten mich einfach kalt warten lassen, obwohl ich doch eine „siebzigprozentige" Privatpatienten war. Komisch, wofür war ich denn fünfundzwanzig Jahre Beamtin gewesen? Und eigentlich auf Lebenszeit.

War das die Rentenlüge, oder die Krankenhauslüge,wurde der Generationenvertrag nicht mehr eingehalten? Ich glaube eher nicht. Eine neue Generation von Ärzten, Schwestern kümmerte sich einen Dreck um meine erwirtschaftete vorzeitige Pension, mich traf die Krankenhauswirklichkeit von heute in Persebeck-Münster.

Ich wappnete mich innerlich und aß weiter heimlich Gummibärchen. Die Tür öffnete sich und der Stationsarzt Herr Dr. Groß, der eher klein war, kam in mein Zimmer, nahm mich dann mit in sein Zimmer und befragte mich nach Strich und Faden.

Am liebsten hätte ich wie Didi Hallervorden alles sabotiert, aber das ging nicht, ich wollte nun meine berühmten Immunglobuline bekommen, die verdammt teuer waren und die ich nur bekam, wenn ich das hiesige Schlaflabor besuchte.

Dokterchen fragte nun hier und jenes und ich sagte mal schüchtern: „Ich komme, wegen meiner Sprache, die ist nun offensichtlich barbarisch seit einem Jahr, ach ich meine bulbär und niemand weiß warum. Mestinon vertrage ich gar nicht, davon bekomme ich Bauchkrämpfe.die in der Nebenwirkungsskala angeboten werden, also eigentlich weiß ich nicht so recht."

Ja, ich wusste nicht so recht. Das darf man zwar im Leben nie sagen und im Krankenhaus schon gar nicht. Und je mehr Dr. Groß mich mit seinen kleinen stechenden Augen ansah, um so verwaschener wurde meine Sprache und da sagte Dr. Groß: „Sie sind schwer krank."

Ich wollte protestieren, aber Dr. Groß ließ mich die Arme hochhalten, sechzig Sekunden lang, das schaffte ich noch, aber länger auch nicht.Und dann sollte ich immer auf seinen blöden Zeigefinger schielen, das reichte mir schon bald, ich dachte an die Immunglobuline und schielte weiter.

Zunge herausstrecken, Beine heben, ja die üblichen Übungen, meinen Busen durfte ich immerhin bedeckt halten, und sonst andere Dinge auch. Nun, o.k., ich war schwer krank, dann konnte ich mich ins Bett legen. Das war inzwischen gemacht und ich schaute auf die Uhr.

„Schwester, kann ich noch mal zum Kiosk?" Das wisse sie nicht, entgegnete meine überraschend strenge Ansprechpartnerin, „halten sie sich bereit, vielleicht wird noch eine Untersuchung gemacht!" Und ich bekam auf jeden Fall schon mal den morgigen Essensplan vorgelegt, aber zu Essen bekam ich nichts.

Es war inzwischen fünf Uhr: Fünf Stunden waren vergangen, ich hatte auf einem Stuhl gesessen, mit Unterbrechungen, hatte die Zeitung von vorne bis hinten gelesen, wusste was Carolin von Mo-

naco erduldet hatte - und hatte mich von Gummibärchen ernährt.

Ein Test auf „Krankenhaus-Atmosphäre aushalten" war das wohl gewesen.

Und dann kam noch das gesamte Team aus ak-
tiven, übereifrigen jungen Männern, Dr. Groß, Dr.
Klein, Oberarzt, Dr. Filmschauspieler, nett und
versöhnlich.

Pille und Kondome

Sie begrüßten mich, die ältere früher gutaussehende, früher bildhübsche Pädagogin mit einspuriger
Therapieausbildung. Mutter von einer bildhüb-
schen Tochter, frühere Frau eines erfolgreichen Im-
mobilienmaklers und Trinkers. Von einem hüb-
schen jungen, großen Migranten mit modellhaften
Gesichtszügen verlassene, inzwischen in einer Partei beheimatete Vollwaise.

Die mittlere in der Geschwisterreihe mit dem
superintelligenten, jähzornigen Vater, der im Krieg
interniert worden war.

Und deshalb sich später an seinen Kindern ab-
reagierte, weil es damals eben noch keine Therapeuten für posttraumatische Belastungen gab, in
der Zeit nach dem zweiten Weltkrieg. In Jahren, in
denen wir alle nun mal hungerten und unsere
Mütter keine Milch mehr für ihre Babys hatten,
weil die Amerikaner ihnen mit ihren Flakgeschüt-
zen Angst gemacht hatten. Angst hatten wir alle
damals gehabt.

Nun, da waren sie, allesamt in weiß. Pflegekräfte und deren Vorgesetzte, sie hatten das Glück, in einer satten Welt groß geworden zu sein, mit schönen Spielsachen und einem Kinderzimmer für sie allein. Deren Eltern wäre ich auch gern gewesen, die schon durch Oswald Kolle sexuell aufgeklärt waren und die ihren Kindern Kondome oder die Pille auf den Nachttisch gelegt hatten. So wie zum Beispiel den jungen Schwesterschülerinnen Michaela und Svenja. Und damit nichts passierte und sie in Ruhe ihr Gymnasium besuchten konnten, dafür brauchten sie auch kein Schulgeld mehr bezahlten, das war die neue Generation.

Ich gehöre so zwar zur „älteren" Generation, aber Respekt habe ich als Mensch und Patient erst recht verdient. Ich setzte mich seriös hin, und forderte intellektuelle Aufklärung über das Schlaflabor!

Mir wurde allerdings lediglich mitgeteilt, man wolle so sehen, was ich nachts mache. Ob ich schlafe, ob ich schnarche, ob ich Aktenaussetzer wegen möglicher Myasthenie habe, ob mein Blut genügend mit Sauerstoff angereichert ist, nachts oder nicht.

Vierzig Kabel am Kopf

Lieber würde ich ja nachts mit einem schnuckeligen Mann im Bett liegen, und morgens sanft geweckt werden mit von ihm herbeigetragenen Kaffee. Aber das konnte ich mir abschminken, jetzt ging es um die Wissenschaft, um Krankheit, um Ursachen und um Folgen.

Es kam ein netter junger Mann aus bildungsfernen Schichten, der legte mir vierzig Kabel an - und ich durfte meinen BH anlassen. Ich wollte meine Würde bewahre, als Frau natürlich, das ging auch erfreulicherweise. Die vierzig Kabel wurden dann in eine Tasche gesteckt, die Tasche mir um den Hals gehängt.

Damit sollte ich dann schlafen, aus war es mit dem MP3-Player und der kleinen Nachtmusik. Ein karges Mahl beendete den Abend, es wurde trockenes Brot mit Aufschnitt wurde gereicht. Wasser dafür ohne Ende, und eine harte Williamsbirne aus dem Aldi bildete den Abschluss - an deren Stückchen ich mich fast verschluckte, denn ich war doch M y a s t h e n i k e r i n!

Ich schlief schlecht und recht, am nächsten Morgen war ich wie betäubt. Ich durfte zwar ein paar Kabel ablegen, aber die Tasche musste ich immer noch mit mir herumtragen. In den Spiegel habe ich da gar nicht mehr geschaut, denn ich war nun zum Spielfeld der ärztlichen Kunst geworden.

Dann ging es zum Röntgen. Ich schluckte einen Schierlingsbecher Kontrastmittel, und ich wurde ins MRT geschoben.Als ich wieder herauskam, konnte ich den Kopf nicht mehr hochbekommen. Doch daran störte sich hier keiner.

Man hob mich hoch, gab mir meinen BH und ich konnte gehen. Ich war in einer üblen Stimmung. Mein Kopf dröhnte. Den Weg zu meinem Zimmer über die langen Flure und den Aufzug fand ich noch grade: Ich war schlapp, mega-schlapp! Ich hatte eine Myasthenie, aber daran störten sich weder die Pfleger noch die Schwestern. Hätte ich einen epileptischen Anfall markiert, hätte man mich wahrscheinlich besser behandelt.

Heulen und Zähneknirschen

Als nächstes sollte ich zu irgendeiner elektrischen Überprüfung meiner Muskeln. Wieder trat ich den Weg allein an, im Glauben, ich müsse das alles hinter mich bringen. Musste ich auch, aber es gab ja nun gar kein mitfühlendes Wort. Kalte Apparatemedizin.

Ich kam oben im 13. Stock an, im Zimmer saß ein gestyltes Frauchen. Wie aus dem Fernsehen, schwarzhaarig, wahrscheinlich Doktors Verliebte oder Verlobte. Gute Figur, aber eiskalte Ausstrahlung. Und sie war nicht als Wohltäterin gekommen.

Nach einer kurzen Einführung in das medizinisch Folgende versetzte sie mir einen Stromstoß an der Wange. Ich meinte, ich könne das nicht so gut aushalten. Sie: „Aber das geht doch, dass müssen wir so hoch stellen, sonst bekommen wir keine guten Ergebnisse!"

Der nächste Stromstoß folgte als Bestätigung, und mit deutlichen Schmerzen bat ich flehentlich, es schwächer stellen. Sie wieder: „Nein, das geht nicht!"

Beim dritten Versuch flossen bei mir die Tränen. Ich hatte die Nase und Schnauze voll, ich konnte nicht mehr.

Ich sagte: „Ich kann nicht mehr, das tut zu weh." Sie dann plötzlich: „Aber klar doch, ich verstehe das. Sie haben immer das Recht, auszusteigen." Ich wollte gar nicht aussteigen. Ich fand Un-

tersuchungen, solange sie nicht schmerzten, interessant. Aber sie ging ja gleich"in die Vollen".

Ich hätte sie in diesem Moment umbringen können, die falsche Schlange, diese kalte Ziege. Leider
flossen nur meine Tränen, immer mehr. Wenn man
die ganze Nacht mit vierzig Kabeln geschlafen hat,
da hat man auch schon mal keine Lust mehr. Und
dann kam noch ihr „Taschentuchangebot": Sie riss
graue Papierhandtücher aus dem Kasten, meine
Tränen sollten schließlich nicht über die Versuchsanordnung fließen!

Jetzt hätte ich sie vollständig erschlagen können. Aber nichts ging. Ich weinte einfach nur. Sie
wollte noch Begleitung anfordern. Ich schlich mit
verheultem Gesicht über den Gang. Ich wusste,
dass mir so etwas passieren würde. Ich hatte nie
die Nerven, in so einem kalten, technisch aufgerüs-
teten Bau zu funktionieren.

Auf dem Gang hörte ich noch ein paar Ärzte
hochwissenschaftlich diskutieren. Ich hätte kotzen
können. Nahm denn hier keiner Rücksicht, war
hier alles verwissenschaftlicht. Würde ich vielleicht als Versuchsanordnung hier herauskommen,
würde mir hier das Menschsein geraubt?

Bauchkrämpfe und Mestinon

Ich trottete in mein Zimmer und heulte erst mal
einen Streifen. Dann kam das Mittagessen und ich
hatte ein wenig Ruhe - meinte ich. Doch nein, es
ging weiter. Die Tür öffnete sich und gleich fünf

Personen sollten anwesend sein, beim „Tensilontest". Na prima, ich kam mir grade wie ein Versuchskaninchen im Hörsaal vor.

Auf meinen Protest verschwanden immerhin zwei. Dann wurde mir ein kleiner Schlauch in die Nase geschoben, die Schwester hielt mir die Hand, was ich extrem nett fand. Dann musste ich Wackelpudding essen, das fand ich ebenfalls ganz gut. Dabei konnten sie wohl prima sehen, was im Rachen blieb und was nicht.

Dann wurde mir Mestinon gespritzt und meine Schluckstörung löste sich auf. Also hatte ich M y a s t h e n i e, welch ein Triumph für die Ärzte. Ich hörte sie schon den Triumph-Marsch von Aida singen! Ich dagegen hatte dank Mestinon vier Mal Bauchkrämpfe mit Durchfall.

Das hat die Herren Ärzte zwar überzeugt, dass ich diese Tabletten nicht vertragen würde. Gerne hätten sie mir aber dennoch Mestinon gegeben, besonders Dr. Groß von der Station. Er war in diese Idee sozusagen verliebt, denn es hätte meinen Fall nun total gelöst - und er hätte nicht mehr denken müssen. Was ihm offensichtlich schwer fiel, wie es seine steilen Stirnfalten andeuteten.

Doch so löste sich der Knoten erst einmal zu meinen Gunsten: Ich wurde für eine Immunglobulin-Behandlung vorgeschlagen. Ich war froh, aber es gab keine Aufklärung darüber, was damit passieren konnte. Das erfuhr ich dann zufällig vom betreuenden Arzt meiner Nachbarin, der erklärte, dass man leichte Grippesymptome bekomme.

Einen heißen Kopf, schwere Glieder und Bauchschmerzen.

Soweit so gut - oder schlecht. Denn mein betreuender Arzt hat wohl in einem Anfall von Sadismus befohlen, dass ich nur noch „Verrührtes"
bekäme, wegen meiner Schluckstörung. Und von
da an bekam ich auch nichts mehr zu trinken,
höchstens mit einem Verdickungsmittel im Tee,
schrecklich schmeckend.

Es wäre nicht nötig gewesen. Er aber meinte,
ich könne mich ja verschlucken, und dann ersticken. Und das in seinem Haus und auf seiner Station, das ginge wohl schlecht. Fortan bekam ich
„zermatschte" Kartoffeln und „zermatschte" Kohlrabi, die fürchterlich aussahen - mir wurde beim
Anblick schon schlecht. Wirklich schön, dass meine Tochter dann kam, und wir zusammen in die
Cafeteria gehen konnten. Worauf ich dort ein Brötchen verdrückte und einen leckeren Kakao.

Tee durfte ich dann aber auch nicht mehr trinken, und so habe ich nach dem Krankenhausaufenthalt eine siebentägige Verstopfung bekommen
vom Feinsten, die mich zu Hause wieder ins Bett
zwang. Ich konnte kaum mehr gehen und einige
Freundinnen drohten, mich schon wieder zum
Arzt zu bringen, denn „so ginge es nun auch wieder nicht!"

Raus aus dem Krankenhaus
- neue Arztsuche

Bei mir wurden damit vor allem wieder die Ängste geschürt. Im Krankenhaus wurde schon gesagt, ich sollte mir einen Hausnotruf zulegen, ich könne ja ersticken. Tatsächlich hatte ich schon zwei oder drei Mal das Gefühl gehabt, ich würde bald ersticken, als ich mal unkontrolliert gegessen habe und mich verschluckt habe.

Da aber niemand da war und ich nicht sterben wollte, habe ich mir selber gut zugeredet, ich solle langsam atmen - das hat funktioniert. Und jetzt wollten die jungen Schnösel von Ärzten mir einen Hausnotruf andrehen. Auf dieses Mitleid pfeife ich, bin noch nicht achtzig!

So verließ ich das Krankenhaus mit Immunglobulinen, aber ich hatte starke Ängste entwickelt und eine Riesenverstopfung. Und das Gefühl, dass mein Körper völlig wert- und nutzlos sei. Ein Quallenkörper, nicht Fisch noch Fleisch, einfach wertlos.

Aber auch für dieses Problem gab es einen Doktor: Doktor Allwissend, sogar in meiner Heimatstadt, der mit Hypnose alle möglichen Störungen behandelte, besonders Sex-Störungen. Da war ich doch an den Richtigen geraten.

Denn bis jetzt hatten wir immer noch nicht herausgefunden, ob ich an einer Blockade oder an einer Konversationshysterie litt, wie man früher gesagt hätte. Oder ob wirklich an dieser scheußlichen

Muskelkrankheit, die kein Mensch verstand? Auf die ich immer die Antwort bekam, dann musst du eben die Muskeln trainieren.

Das vielleicht die Muskeln nicht unbedingt sehr schnell auf die Nervenreize reagierten, das hatten nur die Krankenhausärzte herausgefunden! Ein anderes Bild ergab sich dafür bei Doktor Sex und Allwissend, bei Doktor Sex und Allwissend hatte ich nämlich gar nichts mehr.

Man stelle sich vor: Ich hatte endlich einen Arzt gefunden, der in meinem Alter war. Und dessen Augen aufblitzten und dessen Pupillen sich verdunkelten, als er mich in sein Sprechzimmer hineingehen sah.

Ich war wie immer leicht betäubt von meiner Krankheit, und von den Diagnosen, und hatte mich auch leicht bekleidet - denn es war noch im September Sommer und alle schwitzten. Ich hatte mir zudem unbewusst einen Psychologen im Krankenhaus herausgesucht, denn der hatte dann eine solidere Ausbildung, dachte ich.

Wenn ich bei ihm einmal umkippen sollte, dann stände vielleicht gleich ein Bett zur Verfügung. Später sollte ich erfahren, dass das nicht so war, Neurologie gab es hier nicht, war aber auch besser so. Jedenfalls praktizierte er im Krankenhaus, was auch seine Vorteile hatte, denn man sah hier nicht so viele überkandidelte Privatpatienten, die in großen Pelzen einher schritten und teure Geldbörsen heraus zückten. Das war hier aber nicht der Fall.

Doch zurück zu Dr. Sex. Er schaute mich mit weiten Pupillen an und meinte, ich sähe doch gut aus. wieso ich denn keinen Mann habe. Das wusste ich nun selber nicht und ich wagte es auch nicht zu beantworten. Ich gab mich ganz seiner Behandlung hin, der Akupunktur.

Wahrscheinlich war ich in Doktor Sex verliebt, und er vielleicht ein bisschen in mich, denn ich merkte, wie er immer leicht aufgeregt um mich herumschwirrte und mich so gerne stechen wollte. Wie er sagte, das heißt Akupunkturnadeln setzen, ersatzweise, und das hat mir dann wirklich geholfen, wenn ich da war. Und ich ging mit dem Gefühl nach Hause, ich wäre endlich angekommen. Endlich würde mich einer lieben und zu mir halten.

Für zehn Minuten tat das Doktor Sex auch, denn es machte ihm offensichtlich Spaß, mir meine Schuhe auszuziehen und dieses Mal die rot lackierten Nägel anzuschauen - sahen ja wohl anders aus als die seiner Frau.

Und es machte ihm Spaß, unter meinen Rock zu blicken, denn ich hatte ihn leider gehoben. Er hatte schließlich was von Darm in den Griff bekommen gefaselt, und ich Dummchen meinte, er müsse an die Hüften, und da akupunktieren. War aber gar nicht der Fall.

Dr. Sex oder eher Dr. Fröhlich?

So ging ich immer ganz glücklich zu Dr. Sex und Herr Doktor war ganz glücklich mit mir, schien es mir. Nachdem ich Dr. Sex erzählt hatte, was mich so bewegte und wie ich mich fühlte, bekam ich ich immer ein paar Nadeln gesetzt und wurde danach fürchterlich müde und schlief zu Hause am Nachmittag wohlig ein, fürchtete nichts mehr.

Später dann, nachts, konnte ich nicht durchschlafen und grübelte oft über mich und alles andere, oder meine Männerbeziehungen, nach. Und eines Tages war ich in Dr. Sex verliebt. Ich summte zu Hause alle Schlager der Radiosender nach, tänzelte auf meinen Beinen und sang fröhlich mit.

Aber das Ende war nicht abzusehen. Jede Woche ging ich jetzt zu Dr. Fröhlich-Sex und bekam meine Akupunktur und fühlte mich mal so, oder so - aber eigentlich immer besser.

Ich bestellte mir von Pavarotti & Friends die CD „Warchild" und sang immer den Song „Jesu bambino" mit, der mich an unseren christlichen Weihnachtssong „Oh lasset uns anbeten" erinnerte. So trällerte ich tagtäglich diese Lieder, wusch meine Wäsche, brachte meine Wohnung in Ordnung, und fühlte mich wunderbar!

An Sex dachte ich allerdings nur bei Dr. Fröhlich, den hätte ich gern umarmen können. Aber wegen der therapeutischen Situation haben wir beide uns das verboten. Aber ich mochte Dr. Fröhlich, mal ließ ich ihm ein Stofftier da, mal eine CD, so wie mir gerade zumute war - und Dr. Fröhlich ließ es erst mal zu.

Ich fuhr durch meine Stadt, fühlte mich auch hier zu Hause jetzt, ging mutig in meine politischen Sitzungen und sprach dort sogar. Manchmal noch gestresst und mit etwas fehlendem Schwung, aber ich setzte mich durch und liebte das Leben, so wie es war und wie ich es führte. Ich war angekommen, ich hatte keine Wünsche mehr. Nur meinen „Dottore", den würde ich gern mal öfter sehen, ob das möglich war?

Ich konnte ihm eigentlich alles vortragen, er hat nie abgelehnt. Und vielleicht ist das, das was man Liebe nennt, von einem anderen so akzeptiert zu werden, ohne Fragen, ohne Murren. Einfach problemlos mit jemandem zusammen zu sein, ohne Forderungen an ihn zu stellen. Ohne von ihm zu verlangen, dass er sofort heiratet und mich versorgt. Ich hatte nun alles, meine Pension, kein Mann der Welt musste mich nun noch versorgen, das brauchte ich nicht mehr.

Diese so ungewöhnliche Form der Liebe hatte ich noch nicht erlebt, sowohl von meiner Seite als auch von anderer Seite. Gut, ich traf um mir ganz sicher zu sein, noch ab und an einen anderen Mann. Aber nur, um mir selbst zu bestätigen, dass ich den Richtigen schon getroffen hatte.

Das erforderte nun ein überlegenes Handeln, ich musste mich zufrieden geben, mit der Realität - und konnte keine träumerischen Ideen mehr haben. Die Kürze des Lebens war mir immer vor der Nase und in meinem Kopf, aber wahrscheinlich war das gut so. Denn das Leben ist wirklich kurz und verlangt von uns, dass wir handeln. Aber auch, dass wir warten zu gegebener Zeit, man muss also durchaus flexibel sein!

Doch ich hatte mich mal wieder in meinen Gefühlen und in mir, und in Dr. Sex getäuscht. Natürlich war Dr. Sex gebunden, erwiderte wohl nicht diese Sehnsucht. So schön der Gedanke war, ich hatte immer schon irgendwie gefühlt, dass meine Gefühle nicht überleben würden und zu groß waren.

Unglücklich verheiratet oder homosexuell?

Als ich so wieder einmal zur Sprechstunde ging - gut gelaunt, aber eigentlich auch schlecht gelaunt - da ich wusste, dass mein lieber Doktor für zehn Tage in Urlaub gehen würde. Und das ohne mich, ich ahnte, dass es für mich nicht so gut ausgehen sollte.

Er hatte nämlich nicht angedeutet, dass er für mich auch ein Flugticket hätte, und dass ich dann neben ihm sitzen dürfte. Auch war vor einigen Tagen seine Frau aufgetaucht, als ich einmal seinen Kollegen Dr. Dolittle bei einem Vortrag besichtigte. Er sollte einen Vortrag über Ängste im Krankenhaus halten, und ich hatte mich dazu angemeldet.

Ich tauchte eine Viertelstunde vor dem Vortrag auf und setzte mich in gemächlicher Entfernung zum Vortragspult hin. Ich sprach noch eine Frau an, die neben mir saß, ob ich wohl im richtigen

Vortrag war? Und ja, war ich - es wurde über Ängste gesprochen. Dann sah ich schon Dr. Sex. der ein blaues Hemd trug, etwas kleiner war als ich und gut gelaunt schien. Ein langjähriger Freund begleitete ihn.

Im Laufe des Vertrages erkannte ich leider auch seine Frau. Denn sie war auch im Sprechzimmer per Foto ausgestellt! Eine Blondine mit langer Nase, die sah ich dann auch, zudem in attraktiven Jeans und rank und schlank. Da machte ich mir schon meinen Reim auf Dr. Sex. Er war bestimmt gut und fest verheiratet.

Das hat mir dann schon zwei schlaflose Nächte bereitet. Mich damit abzufinden, dass mein lieber Dr. Geheim alias Dr. Sex, oder „Dr. Geheimrat", eben gut verheiratet war. Nur Wunschvorstellungen in meinen Träumen heiterten dieses Bild manchmal ein wenig auf. Vielleicht war Dr. Geheim verheiratet, aber unglücklich - oder vielleicht sogar homosexuell.

Einerseits eine schlimme Vorstellung in meinen Augen, aber in der Politik und in der Kunst haben wir auch viele Homosexuelle und auch Lesben. Es gibt keinen Grund, sie zu verurteilen, man darf sie nicht diskriminieren. Warum auch, sie sind oft erfolgreich, und nur weil sie eine andere Sexualität leben, kann man sie nicht ablehnen.

Ich musste das einsehen, ich konnte noch nicht mal meine eigene Sexualität leben und war dann trotzdem auf andere eifersüchtig. Ich musste meine Gefühle zähmen. Und zu Dr. Geheim konnte ich bald nicht mehr gehen. Er war gebunden - und die Wirksamkeit seiner Akupunkturspritzen ließ auch bereits irgendwie nach.

So ging ich dann den letzten Tag vor seinem Urlaub zu Dr. Geheim und hatte vor, dieses Geheimnis zwischen uns aufzulösen. Er war wieder sehr beschäftigt, telefonierte mit anderen Frauen und Patienten, obwohl ich schon alle anderen vorgelassen hatte.

Ich meinte dann: „Hmm, Sie sind ja sehr beliebt, bei Mann und Maus." Und er bestätigte mit einem Schmunzeln: „Was soll ich machen, ich muss einen Antistress-Kurs belegen, aber den gebe ich ja selber!"

„Sie sollten mehr loslassen", meinte ich darauf treuherzig und warmherzig zugleich - mit Empathie in guter therapeutischer Manier. „Wie soll ich", erwiderte Dr. Geheim, „das ist mein Leben!"

Dann tat ich wieder einmal etwas Verrücktes, ich fragte ganz schüchtern: „Und komme ich darin auch vor?" Seine Miene wurde (leider) um einige Züge ernster. Dann schaute er mich an: „Ich glaube, das lässt sich nicht realisieren."

Ich hatte diese Antwort schon geahnt, und sagte dann ziemlich ruppig: „Es gibt nun noch andere schöne Menschen auf dieser Welt!"

Gesagt getan, ich überreichte ihm ein Präsent, die nette CD mit War-Child-Melodien, und verließ einen fast sprachlosen Dr. Geheim, der aber noch bat: „Wenn etwas Schwerwiegendes ist, dann kommen Sie wieder!"

Ja, das Schwerwiegende hatten wir gerade erledigt, das war mein Gefühlssturm für einen älteren

Mann gewesen, der mir in einer seelisch schwierigen Situation geholfen hat.

Da hatte ich mich wohl unberechtigterweise zu sehr „geborgen" gefühlt und das „Therapeuten-Patient-Setting" ein wenig überstrapaziert.

Ok, in meiner eigenen kleinen Eheberatungspraxis hätte ich das ebenfalls nicht zugelassen. Dass ich auch immer Grenzen einfach nicht respektiere, das hatte mir schon mal eine Freundin vorgeworfen.

Die hatte das gleich erkannt, damals und dann die Freundschaft irgendwann mit mir gekündigt. Aber auch, weil sie auf einem Ohr schwer hörte, und in ihrer Ehe stark gebunden war.

Leben und Überleben nach Dr. Sex

Die nächsten zwei Tage waren für mich natürlich nicht so schön, da ich niemanden hatte, für den ich so schwärmen konnte. Die schönen Melodien von Eric Clapton hörte ich nur noch nebenbei. Und ich konnte auch nicht mehr mitsingen bei dem Song „Holy Mother" von Eric Clapton und Pavarotti, Beistand hätte ich da nötig gehabt, aber es wollte sich auf dieser Welt nun kein Ersatzvater finden lassen. Ich musste nun mein Schicksal selbst wieder in die Hand nehmen, auch in den typischen Datingagenturen war kein „passender Partner" verfügbar.

Da stand ich also dann wieder mit meiner Myasthenie und meinen Horoskopen und meiner Pensionierung ganz alleine da - wusste nicht, wo ich den roten Faden aufnehmen sollte. Ab und an hatte ich schlaflose Nächte und wachte auf mit der Vorstellung, dass ich nun unbedingt nach Düsseldorf ins Krankenhaus musste, um mir meinen Thymon herausnehmen zu lassen.

Aber wie sollte das denn entfernt werden, „erlauben" würde ich nur minimal-invasiv. Oh Gott, ich fühlte mich so entsetzlich hilflos und dachte: Allein schaffst du das nie! Ich musste einen Begleiter haben, ich konnte mich nicht aufschneiden lassen und meine Geldmittel ließen es auch nicht zu.

Denn: Jedes Mal, wenn ich im Krankenhaus war, hatten die Doktoren mich über den Tisch gezogen. Sie verabreichten mir Infusionen, welche die Krankenkasse nicht bezahlte - obwohl ich protestiert hatte und auf meine belegärztliche Situation hingewiesen hatte.

Service-Wüste Deutschland, deine Ärzte Deutschland, alle sind Millionäre auf Kosten der kranken Patienten. Ich glaube, ich schreibe an den Petitionsausschuss. Ich konnte nicht mehr in einem Krankenhaus anrufen, und mir einen Termin geben lassen, wer sollte das denn bezahlen?

Schulden in Griechenland
– und auch in Deutschland

Es ging einfach nicht mehr. Der Gerichtsvollzieher war schon an meinem Briefkasten gewesen. Am nächsten Morgen habe ich ihn angerufen. Ich habe einhundertfünfzig Euro extra überwiesen, konnte dafür wieder die Scheibe von meinem Auto auf der Fahrerseite nicht machen lassen, die würde zweihundert Euro kosten. Was sollen wir Deutschen nur machen? Immer mehr für die Schulden Griechenlands, unseres Europartners aufkommen? Diese bekommen die Schulden erlassen.

Die Banken machen ihre Gewinne, die großen Konzerne auch, die ihre Filialen ins außereuropäische Ausland verlagern. Um Gewinne zu machen, denn in der Eurozone kann man mit Produktion keine Gewinne mehr machen.

Ich lief, anstatt mit über alles noch mehr Gedanken zu machen, jeden Tag eine Runde in meinem Park. Und war froh, dass ich sie schaffte. So machen das die deutschen Pensionäre, die versuchen sich fit zu halten. Denn was kommt denn nach der Krankheit? Der Tod, und dann kann man nichts mehr machen.

Andere sitzen natürlich in ihren tollen Häusern auf Mallorca und schauen dem Sonnenuntergang zu und trinken „vino roja". Die laufen nicht durch den weniger werden deutschen Wald. Aber die haben wohl auch schon früher vorgesorgt, ich kam in solchen Sachen meist eher hinterher.

Trotz all dieses Elends versuchte ich Ruhe zu bewahren. Zwar wiesen mich meine roten Augen morgens stets aufs neue auf meine Krankheit hin, aber zum Arzt konnte ich nicht mehr gehen - da half doch keiner wirklich.

Und mein Kampf war noch lange nicht zu Ende. Die Krankheit quälte mich weiter, Nackenschmerzen und Schlaflosigkeit waren dabei eher die kleineren Übel.

Lokführer Dieter: das Rendezvous

Erfreulich höchstens einmal die Momente, wenn man auf andere Gedanken kommen darf. Zum Beispiel bei einem Rendezvous mit der Männerwelt. Der Kandidat hieß Dieter.

Dieter kam aus Lünen, gar nicht weit weg von mir und war von Beruf, ach was war er noch? Er war Lokomotivführer. Mir war es auch schon gleich, ich wollte nur endlich mal jemanden treffen, der mich auch nett fand und mit dem ich 'mal ins Theater hätte gehen können, oder auch nur ins Kino.

Meinen Erwartungen von äußerlicher Schönheit entsprach Dieter durchaus: Er war groß, noch nicht zu dick, schien großzügig im Denken, Sternzeichen Widder, und bequatschte mich am Telefon, dass er mich brauche und dass er mich gut fand. Ich war zu einem Treffen mit ihm bereit.

Wir trafen uns in Essen und er kam mit dem Zug, mit was sonst auch als Lokomotivführer. Er hatte kein Auto und ich dachte nur: Heute, in unseren Zeiten, kann man von einem Mann eben nicht alles fordern.

Also trafen wir uns am Bahnhof und ich hatte mich ganz nett zurecht gemacht. Weiße Hose, lila Shirt, Stöckelschuhe und die Haare wie im Gard-Haarstudio schön gestylt. Einfach natürlich schön aussehen, wie in der Fernsehwerbung, dachte ich, jetzt könnte es eigentlich klappen. Denn er sah auch nett aus: Groß, so wie ein stämmiger Wikinger.

Ich kurvte mit dem Auto um den Bahnhof herum, um einen Parkplatz zu suchen, das war nicht so einfach. Dann ja, dann sah ich ihn und auch den Parkplatz, einen davon musste ich nehmen. Ich machte ihm ein Zeichen, er saß derweil ganz friedlich und geduldig, auf dem Bauzaun, der ungünstigerweise die öffentlichen Toiletten umgab. Ich dachte aber nur: Wie unschicklich? Welche Verbindung gab es zwischen den öffentlichen Toiletten und dem zu erwartenden neuen Partner?

„Hallo" meinte er freundlich und ich erwiderte: „Hallo, ach ist das schwer hier einen Parkplatz zu bekommen." - „Das kann schon sein", antwortete er, „aber du hast ja nun einen, ist doch gebongt!"

„Mmm", sagte ich nur, um ihn nicht aufzuregen. „Aber ich muss eben noch die Gebühr bezahlen" erwiderte ich. „Hmm, Hmm", erwiderte er, denn er wollte die Gebühr nicht auslegen. Fünfzig Cent, ich kramte extra lang in meiner Geldbörse und dachte: Kann er mir das nicht geben, ist er kein Gentleman?

Nein, er machte keine Anstalten, sich an meiner Parkgebühr zu beteiligen. Na, das war meine erste altmodische Probe für ihn. Er hatte sie nicht bestanden. Die Männer heute sind zu durcheinander, sie bemerken die Bedürfnisse der Frauen gar nicht mehr.

Dann zweite Probe. „Ach, ich habe kein Geld mehr, ich muss noch zum Geldautomat", bemerkte ich. Und es war sogar wirklich so, ich hatte kein Geld mehr abgeholt. „Na, ja", sagte er, „dann gehen wir zum Geldautomaten." Wir gingen. Auch da keine Bemerkung wie etwa, „Ich zahle für dich, du musst nichts abholen!"

Ich holte mein Geld ab und war schon ein bisschen verprellt, keine nette Bemerkung, kein Entgegenkommen. Er roch ein wenig nach Alkohol, aber er hatte mir vorher gesagt, er trinke ein wenig. Ich hatte es akzeptiert, so viele Männer für Rendezvous gibt es in meinem Alter nun auch nicht mehr!

Wir gingen in Richtung auf ein Einkaufszentrum, das neu errichtet worden war. Ich fand es durchaus interessant. Vorher aber merkte ich, dass mir die Beine langsam schwer wurden und ich mich irgendwo setzen musste. Ich schlug vor, dass wir uns in ein Straßencafé setzten. Er war einverstanden, aber nicht so richtig.

Wir setzten uns und wir merkten dann, es war ein Café, in dem man sich selbst alles holen musste. Man durfte sich zwar setzen, aber „bedienen" musste sich selbst, und dann gab es dort nur Kaffee und sonst gar nichts. Oh, lieber Himmel, lass es Sprudel regnen!

Er, ganz Mann, dann endlich auch Gentleman, holte Kaffee. Das mögen Trinker gern, einen starken Kaffee, und mir holte er Wasser. Das war nun ganz nett, aber es war einfaches Wasser, von der Toilette: Kranenberger, denn drinnen gab es nun einmal kein Wasser!

Ich war einigermaßen ernüchtert und dachte: Was haben wir uns auch in der Stadt getroffen, wie ungemütlich. Dann wagte ich zu fragen: „Na, wie findest du mich, sehe ich mir auf dem Bild ähnlich?"

„Nun, ähnlich schon sagte er, „aber von der Krankheit gezeichnet." Ich dachte, mich trifft der Schlag. Derart unschöne, unhöfliche und feindliche Bemerkungen hatte ich jetzt nicht erwartet.

War es also mit meiner früheren sexy Wirkung auf die Männerwelt vorbei? Vorher hatte ich gerade noch einen Moment der Muße gehabt, als er mit Kaffee und Kranenberger unterwegs war. Ich hatte gedacht, ach endlich, endlich besorgt mir jemand etwas, wie schön, habe ich schon ausgesorgt? Aber meine Gedanken waren der Situation nicht angemessen, im Gegenteil, ich hatte mich schon vergaloppiert in wunderschöne Fantasien.

Als ich dann das Wässerchen getrunken hatte, und er seinen Kaffee, wollte er unbedingt noch ins Einkaufszentrum. Warum, was wollte er kaufen? Nein, er wollte einfach nur gehen, ich kenne das bei Leuten, die ab und zu trinken. Sie wollen hinterher immer nur laufen, ohne Ziel und ohne Sinn, sich bewegen, den Alkohol raus lassen. So liefen wir ohne Sinn im Einkaufszentrum herum. Und ich wurde immer schlapper.

„Darf ich mich einhängen", bettelte ich, immer noch nicht den Ernst der Lage erkennend. Doch plötzlich klingelte Dieters Handy: „Ich bin am Apparat", hörte ich nur undeutlich. Dann bekam ich nur noch Wortfetzen mit: Auto - Unfall – Reparatur!

Ich bat ihn, mir dieser Wortfetzen auseinander zu kramen und mir zu erklären, was denn los war. „Ach, mein Sohn hatte einen Autounfall, jetzt muss ich dringend nach Hause, er wird allein mit der Situation nicht fertig", so Dieter. Ich wandte ein, „ich dachte, du hast gar kein Auto!" - „Doch, aber ich fahre es zur Zeit nicht."

Dann kramt er ein Bild aus der Brieftasche, auf dem ein flotter BMW zu sehen ist. Inzwischen waren wir wieder an meinem Auto angekommen. Ich wurde ganz blass vor Schreck: Ist das Date jetzt schon zu Ende? Anscheinend ja. Er umfasst mich und versucht mich zu küssen.

Ich weiß nicht,was das soll. Ich küsse nicht auf der Straße, und einen Mann, den ich erst eine halbe Stunde kenne, schon schon mal gar nicht! Ich steige in mein Auto und denke: Bloß weg hier, ich muss zu Hause erst einmal überlegen, was das denn war.

Er versucht noch einen Kuss, und dann kommt „Wir hören uns!". Dieser berühmte Satz, der alles offen lässt und den man gar nicht zu sagen braucht.

Ich steige ein und bin froh, dass ich diesen Mann, der doch irgendwie haltlos ist und zugleich raffiniert wie eine Frau - indem er ein Rendezvous mit Hilfe seines Sohnes und eines vorgetäuschten Unfalls auffliegen lässt - endlich nicht mehr sehe.

Denn so gut sah er nun auch nicht aus und gut gerochen hat er auch nicht. Eigentlich nach Schnaps, wahrscheinlich hatte er gestern gesoffen.

Ach, ja, das kenne ich schon, die Alkoholiker. Sie sind so schnell ungeduldig, wenn sie nichts bekommen, was mit ihrer Sucht zu tun hat. Und dann sind sie ganz schnell weg.

Die Zahl der Alkoholkranken und seelischen Kranken nimmt leider ständig zu, auch bei Frauen. Dafür sprechen die Mädchen in den Call-Centern immer so freundlich und man kann eigentlich gar nicht zornig sein, auch wenn man es will. Wenn zum Beispiel die Telefonrechnung unerwartet hoch ist.

Männer um die Fünfzig
und der Spätkapitalismus

Kein Wunder, dass die Männer in Deutschland nichts mehr sind: keine Moral, keine Ethik, die meisten kämpfen um ihr Überleben, von den früheren Partnerinnen allein gelassen. Sich selbst überlassen, sind sie teilweise ausgesprochen kritisch anderen gegenüber und sehr unkritisch sich selbst gegenüber - die müssten alle in eine Therapie.

Das sind alle lebende Opfer unseres Spätkapitalismus, die ihren Weg nicht mehr finden, die 30 und mehr Jahre gearbeitet haben, aber nicht immer was zur Seite legen konnten, die sich mit großen geliehenen Autos schmücken und zu Hause die Tür nicht reparieren können. Weil sie im Moment einen Rausch ausschlafen, wie zum Beispiel mein erster Mann. Und ich meine auch die Männer, die den Weg zu einem erfüllten Leben nicht mehr finden. Sinnlose Opfer der Frauen und der Mütter, die sie nicht haben retten können.

Da geht es inzwischen nicht mehr um Liebe, es geht doch nur um gegenseitiges Abtaxieren. Wie ist sie, ist sie jung, hat sie Geld und vor allen Dingen: Fährt sie auf mich ab? Einige Männer brauchen das, das Gefühl, das sie die Macher, die Herrscher sind, sonst verfallen sie in eine depressive Ohnmacht.

Ich fuhr nach Hause, auf dem Tisch die unbezahlten Rechnungen, auch eine Mahnung vom Gerichtsvollzieher. Warum schickte mir das Schicksal keinen richtigen Mann, sondern nur den Gerichtsvollzieher, auch wenn der durchaus eine ganz nette Stimme hatte.

Ich fiel auf seine Stimme rein und bezahlte endlich meine Rechnungen. Ich musste zwar auf meine Kreditkarte zurückgreifen, denn inzwischen war ich auch schon verschuldet. Weil die Krankheit große Löcher in mein Budget gerissen hat: Alle zwei Tage Slipeinlagen, alle acht Tage Neurax für zehn Euro, um meinen Nerven zu beruhigen. Denn die Tabletten vertrug ich nicht, deshalb muss ich mich immer betäuben. Jeden Tag ein warmes Essen, reichhaltig, weil mein Darm nicht hielt, dann die Vitamintabletten. Alle Tage eine halbe Schmerztablette, oh, ich drohte ein Tablettenmensch zu werden!

Und jeden Tag einen Telefongespräch mit einem lieben Menschen, aber davon gab es ja immer weniger. Viele geben alles in diesem harten Lebenskampf, wo es darum geht, den Chinesen, die eine gut funktionierende Wirtschaft haben, Paroli zu bieten.

Es heißt, gegen sie wirtschaftlich anzukämpfen, so verzehren wir Deutschen uns, um mit diesen Schlitzaugen zu konkurrieren. Sie, die doch keine Milch trinken und sogar tote Hunde essen, mit denen wollen wir jetzt sprechen und Wirtschaftsverhandlungen führen.

Sie wollen ihr Geld in unsere Banken stecken, nein danke, mit mir nicht. Dann nehme ich lieber die Rezession und die Inflation hin, als mit den

Schlitzaugen gemeinsame Sache zu machen. Die essen mich hinterher auch noch auf. Irgendwo ist auch eine Grenze, Europa und die selbst verschuldete Bankenkrise hin und her.

Ich will auch nicht mehr für griechische Scheinbeamte, die schon tot sind, mit meinen Steuern deren Pensionen mitfinanzieren.

Sie, die am blauen Meer sitzen und darauf warten, dass Odysseus vorbei segelt. Die wohl schon mit Circe verhandelt haben und sogar ein Date mit der Circe hatten, um dann hinterher ein Schwein zu werden. Nein, ich bleibe deutsch, christlich, europafreundlich, aber nicht europaverrückt!

Französisch, Sprache der Romantiker

Nun ja, ich hatte im Prinzip weiter ja genug mit meiner Krankheit zu tun. Aber ich wollte als ehemalige Akademikerin nicht dumm zugrunde gehen. Also lief Ich lief zum Französisch-Unterricht der Altenakademie. Ich hatte mir zuvor eine „Le Monde" geleistet. Und viel hineingeschaut, aber nicht zu viel verstanden. Aber zur Anregung hat es gereicht.

Mich begrüßte Madame Arnaud, die Schwarzgestrümpfte, sie hatte schon auf uns gewartet. Sie, die zudem schwarzhaarige und schwarzäugige Herrin des Hauses, die mich leider an meinen schwarzhaarigen treulosen Ehemann erinnerte.

Diesen treulosen, der jetzt mit einer anderen zusammen war und sich ab und an bei mir telefonisch meldete. Ob ich noch lebte, man solle doch immer die Tür auflassen, meinte er, der Geschwätzige und Wortgewandte.

Dabei hatte er doch die Tür hinter sich zugeschlagen, aber daran denken verlassende Liebhaber wohl nicht - das sie gegangen sind. Anscheinend hat sie ja die Frau dazu getrieben, die Frau die nicht genug anpassungswillig war, die sich nicht aufgeopfert hatte, so wie er es wollte. Die Widerstand geleistet hatte, die sich nicht von hinten hat nehmen lassen wollen.

Man könnte doch solche Sexspielchen ruhig mal machen, was sei denn schon dabei, sie würden doch auch in Filmen ab zwölf Jahren gezeigt. Ich hatte es aber nicht mitmachen wollen, denn ich wollte mir nicht das Rückgrat brechen lassen, von meinem geliebten und genauso gehassten Ehemann, der auf dem Papier Ehemann war, im Herzen aber nicht.

Im Herzen konnte ich zu so einem Gangster - der auf dem Friedhof einem anderen Grab die Kerze ausmachte, damit auf unserem Grab eine stand - so einem konnte ich mich nicht hingeben. Einem Wortverdreher, der nach einer Woche Kennenlernen zu mir gesagt hat: „Dann hau doch ab!" Nachdem ich im Geschäft eine Zeitung gekauft habe, die ihm nicht gefiel.

An das Wunder der Liebe und der Erotik, daran dachte ich schon, während die Blauäugigen unserer Welt noch Verse von Shakespeare zitierten. Und überlegen, ob sie ihr Königreich gleich verwetten sollen, oder erst nach der Vereinigung nach Hause fliegen würden.

Aber da ich immer sehr versöhnungsbereit war, blieb ich da und wartete ab. Das war und sollte mein Untergang werden.

Madame Arnaud lehrte uns Französisch und schrieb auch mal etwas an die Tafel, allerdings nur wenn ihr Stift gerade ging. Und sie plauderte munter über die französischen Feiertage und Saint Nicolas, und da wurde es mir wieder wärmer ums Herz.

Ich fühlte mich nicht so verlassen. Denn ich dachte an meinen ersten französischen Liebhaber. Der war auch braunäugig und schlank gewesen, mein Brieffreund aus den Pyrenäen, den ich damals noch nicht mal geküsst habe, mit achtzehn

Jahren - so schüchtern und brav erzogen war ich damals.

Und immer wieder, in einem Zeitabstand von sieben oder acht Jahren, habe ich so einen braunäugigen, schlanken Menschen und Mann kennengelernt, der für mich äußerst verführerisch war. Ich weiß nicht, was ich in diesen braunen Augen suche: Wahrscheinlich die ganze Welt des Orients, die ich dort sehe, wie ein bunter Bazar, den ich besuchen darf.

Den ich am Ende aber nicht verlasse, ohne meinen Obolus bezahlt zu haben; denn die Orientalen ziehen immer Geld oder Energie oder sonst was so an sich.

Und was ziehen wir blauäugigen, wir weißhäutigen und träumerischen Menschen mit eher stattlicher Figur an uns heran?

Wir nehmen den Auftrag für die Weiterreise an, wir ziehen herum wie die Wikinger und suchen neue Abenteuer.

Wir können nicht bleiben? Stimmt das? Aber was mache ich mit Mozart, mit der Romantik, mit dem Biedermeier, mit den stillen und heimlichen Wohnzimmern, wo das Mädchen mit der Strickarbeit sitzt.

Was mache ich mit dem Weihnachtsmann, mit der deutschen Adventskultur, wenn ich selber eine Reisende bin, die nicht still sitzen kann?

Stürze ich mich in ein erotisches Abenteuer, um Sitzfleisch zu bekommen, um mich zu verewigen? Wähle ich die Ebene des Kreatürlichen, um hier heimisch zu werden, um hier zu bleiben, in Westfalen, am Rhein oder an der Ruhr. Ich wusste es mal wieder nicht.

Doch was tat ich, ich plante das nächste Date. Es ging doch nicht, ich musste doch glücklich werden in diesem Leben; sonst würde ich nicht in Ruhe sterben können, das wusste ich. „Wer immer strebend sich bemüht, den können wir erlösen", diesen Spruch hatte mir mein unerforschter und sich mir immer verschließender Vater auf den Weg gegeben.

Und so musste ich das Männliche eben in der ganzen Welt suchen, in den Ecken Ostwestfalens, sagen wir mal Bielefeld, oder in Nantes, an der Atlantikküste, wo einst mein französischer Korrespondenzfreund gelebt hatte. Und wo er mich mit seiner Ehefrau betrogen hatte. Nun ja, das hatte er auch gemacht, wie die anderen.

Dieses Mal sollte er also aus Ostwestfalen kommen. Wir hatten am Telefon schon miteinander geplaudert und ich hatte gemerkt, dass es sich um einen Schützemann handelte. Das war mir recht, mein zweiter Mann war auch Schütze gewesen. Ich hatte heitere Stunden mit ihm erlebt, besonders auf Reisen.

Es könnte so eben ein Schützemann werden. Wir erzählten uns von unseren früheren Partnern, wir lobten die Schriftsteller und wir plauderten über Bielefeld.

Und das nicht nur einmal. Ich war abends schon immer richtig gespannt auf seinen Anruf:

Mein Naturbursche, der einen rumänischen Stammbaum hatte, wie er mir verriet, aber leider kein Auto.

Das war für mich nun kein Hinderungsgrund. Ich konnte ihn ja besuchen. Es würde sich schon eine Möglichkeit finden, sich öfters zu sehen, vielleicht mit Bus und Bahn. Das er nun nicht in der vornehmsten Gegend Bielefelds wohnte, das störte mich (noch) nicht. Dann verabredeten wir uns für einen Sonntag.

Das Wetter war wunderbar, fast wie im Frühling: Die Sonne lachte vom Himmel. Es war zwar im November, aber noch sehr warm. Klimawandel, sagen die einen, auch der Mann auf der Straße, niemand machte sich aber wirklich Sorgen um die Bäume, die zu fünfundsiebzig Prozent von Pilzen und Emission befallen sind. Man sieht es ja nicht so.

Ich wollte gerade aufbrechen, hatte schon die Route ausgedruckt, als das Telefon klingelte. „Hallo", begrüßte ich meinen Partner am anderen Ende. Ein „Hallo" folgte auch von seiner Seite. „Also Isabell, du musst nicht kommen, es passt heute nicht."

„Wie bitte", antwortete ich zögernd, „du meinst, ich soll die Reise abblasen?" - „Genau das", meinte er, es ist nicht gut, dass wir uns heute sehen." Ich atmete tief durch, ich wollte ihn jetzt nicht bequatschen und achtete seine Abwehr, aber irgendwie kam ich mir verkauft vor.

„Okay", sagte ich. „Kein Problem, dann ein anderes Mal"; ich legte den Hörer auf die Gabel.

Doch dann lief ich ins Badezimmer und betrachtete mich forschend im Spiegel. Sieht so eine „Männerfängerin" aus, eine Nymphomanin?

Ich wusste es nicht, ich meinte nur zu entdecken, dass meine blonden Haare irgendwie leicht ergraut schienen. Auch egal, aber nun hatte ich mich so schön fertiggemacht und sollte nun wieder allein in meiner Wohnung bleiben?

Eine neue Chance: Karma oder Schicksal?

Das ging einfach nicht: Ich musste raus, unter Menschen. Und das tat ich dann auch. Ich fuhr in Richtung Norden, vielleicht konnte ich mal nach Selm fahren oder zum Cappenberger Schloss, da gab es sicher eine Ausstellung.

Wie immer stieg ich in mein schönes schwarzes Auto, das mir allen möglichen Komfort bot. Ich liebte es in meinem netten Renault übers Land zu fahren und die Welt vorbei sausen zu lassen. Ich tankte noch irgendwo und kam auch wirklich im Schloss Cappenberg an.

Und siehe da. Ich ging durch den Schlosshof und es gab eine Ausstellung: Von Käthe Kollwitz. Ich wollte bezahlen, aber es war sogar kostenlos zu meiner Überraschung. Ich freute mich, und ging noch schnell für kleine Mädchen.

Dann sah ich mir die Bilder und Zeichnungen an. Alles war rabenschwarz und sah sehr traurig aus. Die ausgemergelten Gesichter der Frauen und Mädchen strahlten höchstes Leid aus. Wie schlecht mag es manchen Frauen damals gegangen sein. Dagegen war mein Leiden eine Kleinigkeit.

Die Mütter hielten auf den Bildern ihre Kinder umschlungen, manche waren sogar schon tot. Und welch ein Ausdruck in den Gesichtern. Ich bewunderte diese Frau, diese Käthe, die ihr Lebensziel unter anderem darin sah, dass sie diese Frauen in ihrem entsetzlichen Leid gemalt hatte.

Auf einmal kam mir mein Leid so belanglos und klein vor. Was wollte ich eigentlich. Ich hatte doch meine guten Pensionseinkünfte, wenn auch nur die halben vom durchschnittlichen Endgehalt. Ich war immer noch eine gutaussehende Frau, ich war intelligent und interessierte mich für vieles. Ich war zwar ein bisschen behindert im Moment durch die Krankheit, aber ich hatte nicht mehr so schlimme Durchfälle wie früher.

Auch das Wasserlassen war weniger geworden. Ich hatte zwar immer noch keinen Mann für jeden Tag, aber der würde doch noch kommen. Es gibt immer wieder Männer für Frauen wie mich, die noch halbwegs gesund waren und Sex mochten. Die sinnlich waren und die Augen offen hielten.

So dachte ich mir, musste ich mir eigentlich keine Sorgen machen. Mein Handicap des langsamen Sprechens bei Belastung würde sicher besser werden oder gar weggehen, wenn ich wieder körperliche Nähe zulassen könnte, zu wem auch immer. Es musste aber ein verantwortungsbewusster Mann sein, den ich zulassen würde, kein Don Juan aus einem Land im südlichen Europa. Braune Augen dürfte er schon haben, aber studiert sollte er auch sein, das wünschte ich mir.

Dann nahm ich die Stufen aufwärts in den ersten Stock in Angriff und oben angekommen stieß ich aus Versehen mit einem Mann zusammen, der meiner eben abgegebenen Beschreibung verdammt nahe kam.

Er war groß, braunäugig und Brillenträger - und entschuldigte sich wortreich, dass er mich angerempelt hatte, und ob er mich nicht auf einen Kaffee ins Schloss-Café einladen dürfte?

Das fragte er forsch, dieser attraktive Mit-Fünfziger, und ich wollte ja sagen und danke, und dann sah ich herunter und bemerkte, dass er ein falsches Bein hatte. Aber sein Blick war so charmant, dass es mir warm ums Herz wurde, und ich das falsche Bein nicht mehr sah.

Wir betraten das Schloss-Café und ich nahm Platz. Er, ein bisschen umständlich,mit seinem künstlichen Bein, zog er mir trotzdem den Stuhl zurecht, damit ich mich setzen konnte.

Es war ruhig im Café, nur ein Rentner-Ehepaar schmatzte mit seinem Kuchen und schlürfte den Kaffee in sich hinein. Die Tische weiß gedeckt, die Sessel etwas älter, aber ausladend und gut gepolstert. „Eine, etwas deprimierende und gleichzeitig ermutigende Ausstellung", sagte er. „Ach ja", erwiderte ich, „aber ich hatte einfach Zeit, an diesem schönen Nachmittag, wo einen schon die Gedanken an den kommenden Herbst bedrängen!"

„Da haben Sie recht", war seine warme, nachfühlende Antwort, „da kann man schon ins Grübeln kommen, wie es weitergeht? Wenn alles so Grau in Grau erscheinen wird, denn der Herbst hat nicht nur bunte Blätter."

„Grau ist der Himmel manchmal nur im Moment", wandte ich ein, „aber darüber ist er blau und weiß. Und wenn man in einem Flugzeug sitzt, dann sieht man, wie die Sonne aufgeht - und auf den weißen Wolken möchte man fast spazieren gehen!"

„Das meinte ich auch mal", sagte er, „ich bin mit einem Segelflugzeug abgestürzt und vorher habe ich auch den schönen blauen Himmel bewundert.

Aber eine böse Gewitterbö hat mich heruntergerissen und ich bin zwar noch ganz gut aufgekommen, und nichts hat gebrannt. Nur mein Bein, das war nicht mehr ganz, ein Stück war abgerissen und jetzt muss ich halt mit einem Ersatzbein laufen!"

„Doch das ist schon zehn Jahre her und ich habe mich ganz daran gewöhnt, mit diesem Ungetüm aus Plastik zu laufen, und ich habe es zu meinem eigenen Bein gemacht", stellte er mit großem Selbstvertrauen klar.

„Alle Achtung", sagte ich leise, „da haben sie ja schon etwas mitgemacht. Das sollte man bewundern und anerkennen." Ein Lächeln huschte über sein Gesicht. „Nun ja", meinte er, „was blieb mir übrig, das Leben geht eben weiter! Wir können nicht anhalten und nur nachdenken.

Dazu ist mein Job einfach zu anrührend und aufregend zugleich. Ich arbeite nämlich in einem Westfälischen Krankenhaus in der Radiologie, manchmal auch auf der Neurologischen, wenn wir Ergebnisse besprechen, im Team."

Mir blieb der Kuchen auf der Gabel hängen und ich bekam meinen Mund nicht mehr nicht mehr zu. Da kam die Retourkutsche. Nun würde ich mal eine andere Meinung hören, ich würde hören, was so die Ärzte über ihre Patienten sagen.

Ich würde die Meinung der Doktoren und der Krankenschwestern kennenlernen und ich würde nun mal zuhören müssen. Eigentlich wollte ich schon meine Handtasche ergreifen und gehen. Aber dann dachte ich: So oft bin ich schon gegangen, es kam zwar immer Neues, aber liebe Menschen mag man nur einmal und will man nicht gehen lassen.

Ich ergriff seine Hand und sagte: „Ich könnte dir einiges erzählen und irgendwann werde ich es auch tun, aber jetzt genießen wir diesen schönen Nachmittag und dann sehen wir weiter."

„Das finde ich auch", erwiderte er und meinte dann, „so eine nette Museumsgängerin trifft man nicht alle Tage und die sollte man festhalten, damit man sie nicht verliert. Denn das Leben heißt Verlust und Gewinn, wir können es uns nicht immer aussuchen."

Ich hatte eine Krankheit, er hatte ein falsches Bein. Vielleicht hatten uns Karma oder Schicksal zusammengeführt. Wir würden Seelenpartner werden, das wusste ich, und ich schaute meinem Held von mal zu mal intensiver in die Augen.

Ich trat mit Gottvertrauen in die Welt der Liebe und der Offenbarung ein. Eine Welt der Liebe, die mich in eine Seligkeit führen würde, in der alle Krankheiten ihre Wichtigkeit letztendlich verlieren sollte.

Eine Welt des Sich-Verstehens, des Verzeihens und auch des Los-Lassens. Ich wollte dieses Mal meine Chance wahrnehmen.

Anhang – Was man über
das Kranksein wissen sollte

Freunde und Freundinnen

Ich hatte viele Freunde, als ich noch gesund war. Ich hatte weniger Freunde, als ich krank wurde. So etwas kann ein Philosoph sagen, ich habe ein Philosoph werden müssen, als ich krank wurde. Mit meinen normalen Gefühlen und Emotionen konnte ich meine Situation nicht verstehen.

Mir war, als wäre Ich auf einer einsamen Insel gestrandet, ich war ein Robinson Crusoe der Krankheiten. Und niemand kam auf meine Insel, außer ein paar ganz wenige, die ich an mich heranließ, denen ich Vertrauen schenkte. Dazu gehörte auch meine Tochter, die sich wider Erwarten sich als toller Kamerad erwies.

Einzelne Freundinnen bezogen sehr schnell Position, sie erkundigten sich höflich. Sie sagten zum Beispiel: Mit einer Krankheit muss man leben können, obwohl sie noch nie eine schwerwiegende Krankheit gehabt hatten.

Neugierig waren sie auch, denn das machte nun ihren Alltag spannender. Dass sie eine Freundin hatten, die krank war, das war ein willkommenes Thema.. Aber nach einer Zeit des Überdenkens zogen sie sich zurück, denn sie wollten nun nicht Schaden nehmen: Wie man so schön sagt, „zu viel Engagement macht auch krank".

Nun, oder so ähnlich, wie viele von unseren Stars, die „Wer wird Millionär" spielen, für einen guten Zweck. Die dann zeigen wollen, wie gut sie drauf sind, aber mehr wollen sie öffentlich auch nicht tun. Mal die Wange eines kranken ausländischen Kindes berühren, das große Hungeraugen hat, dabei lassen sie sich gerne ablichten. Aber selber hungern und im Dreck liegen, das mag keiner gern. Und krank will auch keiner freiwillig sein.

Hier mal tausend Euro nach Nigeria, ans Kinderhilfswerk, da mal an die verarmten Mütter in Neuguinea, aber dann reicht es auch schon. Sie fliegen mal hin, wenn sie von den TV-Stationen eingeladen werden, ist ja alles kostenlos und bringt auch noch was für die Publicity. So ging es mir mit meinen Freunden auch. Nette Zeitgenossen blieben mit mir auf der Insel der Krankheit. Andere aber hielten sich zurück, äußerten sich mal zu meinen Krankheitssymptomen, aber legten schnell auf, wenn ich mich nicht verständlich über meine Krankheit äußerte.

Und das war doch gerade meine Krankheit, dass ich mich nicht mehr so lange äußern konnte, wie Normale. Dass mir manchmal die Stimme versagte. Und ich wusste nicht warum..

Das war ihnen zu viel an Freundschaft. So lernte ich sämtliche Spielarten menschlicher Zuneigung kennen: unbekümmerte Zuneigung bis zum unmissverständlicher Abneigung. Kaltherzige Bemerkungen habe ich auch genug gehört. „Da hat das Schicksal dir aber einen vor den Bug gegeben"

- als wenn sie es selber ausgeteilt hätten. Und es gab jede Menge gut gemeinte Ratschläge, die bei mir nicht fruchteten, denn ich hatte schon genug mit meiner Krankheit zu tun.

So lief ich deutlich öfters als normal auf die Toilette, ich musste nachts drei Mal die Höschen wechseln. Weil die Nieren wie verrückt arbeiteten, um dieses böse Medikament aus meinem Körper zu jagen, weil ich es nicht ertrug. Ich allein hielt jedoch diese Krankheit aus - nicht die, die mir angeblich gute Ratschläge gaben und selber nie richtig krank waren.

Ratgeber, Traumtänzer
und andere selbsternannte Experten

Aber wir haben in unserer Gesellschaft ja neuerdings immer gute Ratgeber, die es in der Art wie die Fernsehmoderatoren tun: Sie geben aberwitzige Ratschläge, obwohl sie von der Sache keine Ahnung haben. Alle sind ja heute Ratgeber.

Besonders der Mann auf der Straße wird ja oft nach seiner Meinung gefragt, obwohl manche gar nichts wissen. Sie wissen noch nicht mal, wie der Bundeskanzler heißt, oder der Bundespräsident. Aber Ratschläge geben, das macht der Bürger gern, sei es zum Wetter, oder sei es zum Umgang mit den Migranten

Gern gibt jedermann Auskunft, der irgendwie beim Fernsehen eingeladen ist und und dann gefragt wird, „welche Krawatte tragen sie zum Abendanzug, wenn sie beim Dinner „Wir kochen für unsere Nachbarn" eingeladen sind?" Der Mann aus dem Volke oder auch der Künstler meint dann, er wäre an der Reihe und gibt bereitwillig seine Banalitäten ab. Immer modern sein und die Meinung sagen. Das zählt mehr als eine solide Schulbildung.

Der moderne Mensch ist gefragt, nicht der Gebildete, nein der „Moderne". Und der auf der Straße. Abends dann, dann kommen noch die Stars in unserer Gesellschaft dran, in den Talkshows. Da dürfen sie unermüdlich von ihrem interessanten Privatleben plaudern.

Denn der Zuschauer, der hat keines mehr. Der arbeitet nur und schafft an. Sitzt abends vor dem viereckigen Kasten und lauscht den Wortkaskaden eines Schwarzeneggers oder einer charmanten kurz berockten Schwarzhaarigen, die nur deshalb eingeladen wurde, weil sie in der Sesamstraße ein ausgeschnittenes Trägertop trug. Und dort leidlich ein paar Songs trällerte, nachdem sämtliche Wohlfahrtsorganisationen dagegen Sturm gelaufen waren, nun hat sie eine große Publicity. Denn das Fernsehen, das ist doch auf unserer Wohnzimmercouch mit dabei, auch wenn wir es nicht wollen. Es beeinflusst unser Unterbewusstsein - und wir merken es noch nicht einmal.

So läuft es eben, wie diese sexy-hexy Sängerin, die mit ihren falschen Wimpern berühmt wurde, und man setzt sie auf die Couch, neben den schwatzhaften Kasimir, den Literaturkritiker. Dieser ist auch gar nicht feige, sondern macht sich mit der kleinen Sexbombe vertraut. Denn heute müssen alle „mit den Wölfen heulen", oder Nabelschau betreiben - das hebt die Zuschauerquote. Und er steht auch unter anderem jetzt so hoch in Kurs, weil er im Westdeutschen Rundfunk mal ein Lied von Frank Sinatra nach sang.

Die Scheinberühmtheiten unserer Gesellschaft tummeln sich so fleißig und massig in den Talkshows, dass der Bildschirm eigentlich auseinanderfallen müsste, aber er hält.

Wir zahlen dafür alle die vom Staat verordnete Fernsehgebühr für einen Haushalt, und das Fernsehen wird damit in Zukunft gut leben können. Es werden weiter Billigproduktionen herstellen. Krimis für alle, in denen wir sehen können, wie man fachgerecht eine Kindesentführung durchzieht.

Und wir vertrauen dann solchen Worten, wie sie von kunstbeflissener Seite her geäußert werden, von einem Künstler, der im Trainingsanzug von Adidas auf Salzburg schaut und sagt: „Die nächste Revolution kommt nicht von der Straße her, sondern von der Bühne, von der Kunst!" Sicher kann Kunst die Straße verändern, die Menschen , aber sie schafft keine neue Medienlandschaft.

Aber mich kümmerte das auch nicht mehr so. Meine Krankheit und meine Freundinnen, Das war jetzt mein Thema geworden und für mich höchst aktuell. Ich hatte nur noch meine Krankheit im Kopf .denn sie war in meinem Körper und wütete dort. Kein Wunder.

Die Macht des Geldes

Bei den Freundinnen versuchte ich es zuerst in meiner Not verständlicherweise mit einem Verhalten, das man wohl als Mitleidstour bezeichnen müsste. Seht doch mal, wie krank ich bin! Jetzt konnte ich ausprobieren, wer ein gutes Herz hatte, von meinen Freundinnen, und wer nicht. Das hat mir rückblickend zum Teil sogar Spaß gemacht, obwohl es mir stellenweise sehr schlecht ging und ich manchmal das Gefühl hatte, ich stände kurz vor dem Abnippeln.

Aber nicht alle reagierten so. wie ich es gern gehabt hätte. Eine Krankheit ist leider eine gute Gelegenheit, die Welt aus einem anderen Blickwinkel kennenzulernen - auch die Weit der Freundinnen.

Ich habe alles erlebt, Liebe und Menschlichkeit, aber auch Misstrauen und das „sich zurück ziehen", das „sich verabschieden von schwierigen Dingen" oder das „sich einmauern und Nichts an sich heranlassen". Nicht zu vergessen das „sich selbst bewahren", vielleicht für den Ehemann, das „sich nicht engagieren können" und das „sich abwenden", wenn es dem anderen schlecht geht.

Ich kann nur ahnen, warum? Das hat auch mit dem Gesichtspunkt zu tun, mit dem man manches sieht, auch Krankheit oder Probleme.

Es hat mit Berührungsangst zu tun. Oder mit einem Maß an Selbstschutz, dessen Umfang ich nicht zu beurteilen hatte, da ich nicht weiß, wie die Betroffenen im Falle eigener Betroffenheit sich verhalten würden.

Ich hatte letzten Endes nichts zu beurteilen, denn ich war ja selbst Betroffene, war doch selbst der Endlichkeit unterworfen. Große Worte, ok, heißt aber, du weißt nie, wann Gevatter Tod kommt. Mir wurde zum ersten Mal bewusst, dass ich nicht ewig leben würde, und das machte mir alles viel erträglicher.

Ich vermied es, die anderen wie früher zu verurteilen, im Gegenteil, ich verstand die Freundinnen jetzt besser als früher und begriff sie in ihrer Endlichkeit und in ihrer lebendigen Menschlichkeit.

Ich konnte sie jetzt besser verstehen, mit ihren kleinen Sorgen und Ängsten vor dem Morgen. Die aber, die sich mit Schmuck und Gold behingen, die verachtete ich um so mehr.

Auch die Freundinnen, die noch immer an die „Macht des Gelde" glaubten, und sich weiter über mich erhoben. Sie konnten es in ihrem Hochmut ja auch problemlos, aber wussten sie, wie schnell alles aus ist?

Und die, die sich weiter über mich erheben wollten, weil sie mehr hatten, die mochte ich gar nicht mehr sehen und sah sie auch nicht mehr.

Denn wenn die Demut vor dem Leben nicht durch das Gesicht gegangen ist, dann wird ein Gesicht hässlich - und ich lese daraus die Gier nach Geld und Gegenständen. Dann mag ich es nicht mehr und es wird für mich hässlich.

So konnte ich also meine Freundinnen einteilen, da waren die hässlichen und die freundliche Gesichter, und zu den Freundlichen entstand eine viel herzlichere Beziehung als ich es je für möglich gehalten hätte. „Komm doch vorbei, ich helfe dir", wurde ein Standardsatz, sogar trotz Krankheit auch in meinen Sprachgebrauch. Und ich half, weil ich auf Grund meiner Krankheit mehr Verständnis für andere entwickelt hatte.

An einigen Freundinnen ging es aber irgendwie vorbei, dass ich krank war. Sie hatten genug mit sich selbst zu tun, ihre Probleme waren nicht meine Probleme und meine Probleme waren nicht die ihren. Sie hatten meist einen Mann und den galt es zu versorgen, dem galt es zu gehorchen.

Machte ich ein Fest, so wie meinen Geburtstag feiern, so zierten sie sich mit dem Kommen, man musste sie mit Einladungskarten erst einladen, um dann am Telefon zu klären, ob sie überhaupt kämen. Man konnte nicht einfach sagen: Kommt vorbei, ich mache ein Fest. Nein, ganz bestimmte Rituale waren einzuhalten und der Ertrag an Zuwendung war mager, an Geschenken fehlte es jedoch nicht.

Ich hatte wenige oder gar keine Freundinnen, die so frei waren, wie ich, die eigenes Geld hatten und sich dem männlichen Drängen nach häuslicher Rundumversorgung entziehen konnten. Mal für einen kurzen Urlaub spielten sie die Unabhängige. Die mal acht Tage ausspannte von ihrer Ehe, oder die mich mal besuchten, zum Geburtstag, die dann mal Ausgang hatten.

Eigentlich widerte es mich an, diese Freundinnen noch zu unterstützen. Dieser Typ von Freundinnen hatten einen Mann, bei dem sie sich ausheulen konnten, warum taten sie es dann bei mir auch noch? Aber sie mussten mich noch haben, denn ihre Gier zur Selbstdarstellung war sicher bereits hysterisch.

Bewundert werden, das wollten sie, sie brauchten den Ehemann zum Spazieren fahren und mich als Seelendoktorin. Ist doch ein feines Leben. Ich wusste genau, diese Frauen würden nur zu mir halten, wenn sie Probleme mit ihren Männern hatten oder im Beruf hatte, dann telefonierten sie hinter mir her.

Dann brauchten sie meine Hilfe. Zum Beispiel: „Ich habe mich mit der Teamleiterin gestritten, was soll ich tun?" Verhafte dich wie ein Mann, war dann mein Rat, nur so konnte ich alles toppen. Hätte ich ihr geraten, sich wie eine Frau zu verhalten, dann hätte sie mich im Nachhinein verurteilt. Aber zu sagen, „verlass die Welt der Frauen, die Welt des Bittens, des Aushaltens, des Diskutierens" - das erschien ihnen abenteuerlich und zugleich sinnvoll.

Es gab ihnen neuen Mut in ihren häuslichen Situationen des Ausharrens und des Wartens. Da sahen sie eine neue Welt entstehen: Die Welt des Widerstands gegen männliche Übermacht, die ich schon eine Reihe von Jahren aushielt, die mir aber leider auch gesundheitliche Probleme gebracht hat.

Ich bezahlte diese Verweigerungshaltung in Sachen Zärtlichkeit gegenüber dem männlichen Begehren mit körperlichen Beschwerden. Diese Problem musste ich in der Zukunft auch noch lösen. Ich durfte und sollte nicht auf Liebe und Zärtlichkeit verzichten, auf menschliche und geschlechtliche Zuwendung, nur weit meine Eltern diesen Bereich in meiner Erziehung ausgespart hatten und nie erklärt hatten, wie man mit Körperlichkeit umgeht..

Denn mich nahm niemand in den Arm, niemand trug mir die Einkaufstasche hoch. Im Gegenteil, man erwartete von mir alles: Als ich nach den drei Wochen Urlaub aus dem Süden zurückkehrte, hatte der Nachbar noch nicht einmal eine ordentliche Schneeschaufel für mich, und als ich eine verlangte, um den Schnee um meinen Wagen herum wegzuräumen, da hörte er gar nicht zu.

Er ging ins Haus zurück und überließ mich meiner Arbeit und ich sah, dass bei seiner Frau der Schnee weggeräumt war. So sieht es aus, wenn Frauen sich nicht unterordnen. Sie werden zum Abschuss freigegeben, sagt man so. Ihnen wird nicht geholfen, sie können sehen, was aus ihnen wird, sie müssen allein zurechtkommen, oder sich mit den Zivildienstleistenden gut halten, sonst droht ihnen Schlimmes.

Die Krankheit hatte mich auf dem kalten Fuß erwischt, das heißt, ich hatte sie bekommen, aber sie mir garantiert nie gewünscht und auch nicht mit ihr gerechnet. Hätte ich sie voraussehen können? Heute sage ich ja, damals war ich noch so von mir selbst überzeugt, eine kleine Narzisstin war ich gewesen. „Wie kann man nur so blauäugig sein", dieser Spruch traf leider auch auf mich zu.

Die Nachbarn

Die Nachbarn nahmen meine Krankheit zuerst all zu menschlich hin, so erschien es mir am Anfang. Denn ich meinte am Anfang viel Verständnis zu sehen. Aber das meinte ich auch nur. Denn im Leben wird niemand von den Nachbarn so mitfühlend sein, wie jemand aus deiner Familie.

Jedenfalls hier in Deutschland, denn hast du hier eine Familie, ist es gut, hast du aber keine, geht es dir ziemlich schlecht. Denn du bist dann auf die Hilfe anderer Leute angewiesen, wie man sehr schnell merkt. Ob dir einer einen Koffer trägt oder nicht, das ist von dessen Wohlwollen abhängig.

Der Taxifahrer tut es nur, wenn du dich meldest und zahlst. Sonst keiner, das wirst du schon merken. Meine Taxifahrer musste ich immer ansprechen, sonst hätten sie mich auflaufen lassen. Nichts ist mehr selbstverständlich in Deutschland. Du bist ihnen allen ausgeliefert,wenn wenn du krank bist.

Am schlimmsten war es für mich, als ich richtig leidend war, als ich aufgeregt war, und nicht wusste warum. Als meine Schilddrüse einfach nicht mehr wie früher funktionierte, ich aufgedreht war wie ein Kreisel und nicht wusste, woher es kam - und woher ich Hilfe holen sollte. Ich hatte mir nachmittags noch mal die Krankenhausrechnung vorgenommen. Leider hatte ich im Krankenhaus betont, dass ich Privatpatient mit einer Standardversicherung bin. Aber danach fragt gar keiner. Sie hören nur „Privatpatient" und freuen sich schon, dass sie dich abzocken können. So scheint es zumindest manchmal.

Du bist kaum aufgestanden, sie bitten dich herein, rücken den Sessel zurecht, fragen dich was du hast, quatschen dir eine Krankheit auf, führen dich in den Röntgenraum, in den du gar nicht willst, schauen dir ins Ohr, in die Augen, so schnell kannst du gar nicht deine Organe wegdrehen, wie sie hineinschauen.

Du willst dich erklären.du willst endlich von deiner Krankheit reden, von diesem wilden Tier, das dich jetzt Tag und Nacht begleitet, und dir das Leben zur Hölle macht, aber keiner hört dir zu.

Du kannst es der Nachbarin zehn Mal erklären, dass du jetzt immer schwitzt, nicht mehr so gut schläfst, dass du nachts manchmal meinst, Mäuse wären auf dem Dachboden, aber du traust dich nicht, es ihnen zu sagen.

Sie könnten dich für eine alte Oma halten, die spinnt. Ja, jeder denkt vielleicht: Die spinnt ein bisschen, so kommt es dir vor, denn du kannst gar nicht mehr über sie triumphieren. Denn du bist gar keine Lehrerin mehr, du hast auch nicht studiert, du bist der Nachbarin gleich, dieser brünetten Dame mit Hundehaarschnitt. Gut zu pflegen, schnell fertig, sieht nur nach nichts aus.

Und Haarschnitt hin oder her, du meinst dann sogar, dass du weniger wert bist als sie. Warum steht es nicht in den Jahreshoroskopen von „Elle" und „Brigitte", dass du krank werden kannst? Dann könnte man sich wenigstens ein wenig darauf einstellen.

Ich verlange jetzt von allen Wissenschaftlern, dass sie die Horoskope von berühmten Persönlichkeiten durch testen. Ja, auf Krebs-Aspekte, oder Herzinfarkt-Aspekte, bitte eine Untersuchung zu diesem Fall, eine Doktorarbeit.

Ich könnte ja selbst auch nachschauen. Die Gesundheitsaspekte liegen in welchem Haus? Im achten natürlich, was mache ich denn jeden Tag, warum schaue ich nicht nach. Weil ich nicht rechnen kann, ich lasse es mir lieber von Horoskop-Experten schicken und gebe gutes Geld dafür aus. Ich mal wieder. Gut, dass ich diese Krankheit bekommen habe. Ich habe vieles früher anders gesehen, erst mal.

Die Männer

So nenne ich dieses Kapitel einfach einmal. Ich weiß, einige von meinen Freundinnen werden aufschreien, da sie die kommende Wortwahl nicht mögen, und immer in sehr persönlichen Beziehungen dank einer glücklichen Fügung in ihrem Leben standen.

In meinem Leben haben sich diese Fügungen nicht ergeben. Die Männer, so hat es mir mein Schicksal deutlich gemacht, waren sehr wohl Gesprächspartner und Antipoden und was auch immer. Aber keiner hat es ausgehalten mit mir. Mein erster und wohl aufwühlendster Partner, mein erster Mann, hatte es doch sehr wohl darauf abgesehen, mich sexuell und erotisch auszunehmen, wie das in Ehen so üblich ist, wenn man die Frau eines Mannes nach deutschem Recht ist.

Dann ist man da, um seine Wäsche zu waschen, sein plärrendes Kind großzuziehen, seine Freunde zu bewirten und nachts noch seine sexuellen Interessen zu bedienen. Und das alles unter der Rubrik „Ehefrau und weiteres".

Dafür ist man dann in den Augen der Öffentlichkeit „seine Frau", was einem in der umliegenden Umgebung oder Nachbarschaft einen hohen Stellenwert verschafft: In den Geschäften, in denen man einkauft, in der Gesellschaftsschicht, in der man verkehrt.

Ach sieh mal, die ist mit dem „berüchtigten" X verheiratet. Mal fragen, wie es ihr geht? Dann weiter im Kollegenkreis: Man kann mal früher von einer Konferenz weg: Mein Mann wartet auf mich....!"

Ein Mann gibt zu so vielen Ausflüchten Gelegenheit, man kann ihn überall vorschieben, als Bewegungsgrund und Ursache von vielem, zum Beispiel beim Arzt: Mein Mann hat die Krankheit verursacht, er hat sie aus dem Urlaub mitgebracht ... - Mir ist unwohl, weil mein Mann ... - Ich habe Kopfschmerzen, weil mein Mann so spät nach Hause kam!

All diese Ausflüchte kann eine verheiratete Frau in Anspruch nehmen. Eine unverheiratete Frau nicht. Da zieht das nicht, sie ist doch allein. Was will sie überhaupt? Die hat ja nicht mal einen Mann!

Also so eine, die brauchen wir hier nicht, denn wir sind alle verheiratet und wir haben noch Eigentum, zum Beispiel ein Haus. Und die, die hat nichts, ist das eine Intellektuelle? Pfui, davor müssen wir uns hüten, so eine darf hier nicht aufsteigen, schon gar nicht in der Politik.

So sprechen nun einmal meine Schwestern teils über mich, ich habe nämlich viele Schwestern, teils nette, aber auch teils unmögliche. Und das war es auch erst einmal zum Thema „Mann und Frau in der Gesellschaft und Nachbarschaft".

Denn es soll hier keine soziologische Abhandlung erstellt werden, sondern es geht um die Erfahrungswerte einer teils einfach gestrickten Frau. Die aber irgendwie große Lauscher hat, ich meine Ohren, mit denen sie schon mal hört, was für „Töne" in der Gesellschaft auftauchen. Denn sie hat es nicht nötig, auf den „Meister" oder Ehemann zu hören, der sagen würde "Räum' mal den Tisch ab, ich fahr' in die Firma."

Sie ist keine, die dann diese Zwischentöne - die sie hört, die Verfasserin - nicht hören würde. Sie ist so nicht gleich eine bessere Schwester geworden, aber sie ist eine andere Schwester: Sie hat natürlich nicht diese Superverbindung mit ihrem Mann, den einige Schwestern tatsächlich haben, aber ihr blieb nun einmal keine Wahl. Punkt!

Die Ärzte

Heute hat mir „mein Hausarzt" eins rein gewürgt, wie wir hier so gerne sagen. Denn er hat mir ein Medikament verschrieben, was Myasthenie verstärkend wirkt. Das habe ich leider genau verspüren dürfen, allerdings erst nachmittags.

In meiner großen Sehnsucht nach „Verstandenwerden" und „Umsorgtsein" war ich morgens zu ihm hin gelaufen, um ihm mitzuteilen, dass ich ein Medikament zur Blutdrucksenkung nicht vertragen werde. Schließlich stand auf dem „Waschzettel", der Packungsbeilage, dem Kleingedruckten, dass Myasthenie verstärkend ist.

Und was tue ich? Gehe also zum Arzt und vertraue ihm. Er dagegen fühlt sich auf dem falschen Fuß erwischt und meint, ich wollte ihm was! Ich gehe dann raus und fühle mich gar nicht so verstanden und nehme im Auto ganz verwirrt ein Viertel der Tablette. Weil er ja meinte, es können doch nicht so schlimm sein!

Und dann schlafe ich den ganzen Nachmittag, was durchaus gut für meine Knochen ist, denn ich habe in der Nacht davor nicht geschlafen. Dann aber nachmittags merke ich, dass ich wieder ganz transusig werde, mich schlapp fühle und gar nicht aufräumen will. Hallo, aber auch, warum musste ich denn wieder ein Viertel dieser Tablette nehmen?

Warum? Weil ich süchtig bin oder gerne Drogen nehme, oder gern Medikamente? Oder was?

Da kann ich nun so vor mir selbst nun gar nicht bestehen: „Was ist los mit mir?"

Nein, es war weil ich Schmerzen hatte. Weil ich einfach mich wohl fühlen wollte, wie alle anderen Menschen hier auf der Welt. Aber dass sollte nicht so einfach werden, sich wohl zu fühlen, das ist ein frommer Wunsch. Und der ist nicht so einfach zu bewältigen.

Der Job und die Einflüsse Osteuropas

Krankheitsbedingt hatte ich nun schon meine Arbeit aufgegeben, lief nicht mehr fleißig zu meiner „Organisation", die sich „Integrationskursbeschafferin" oder „Europaschule" oder „Verein für Integration" nannte. Ich blieb zu Hause, auch wenn es mich noch so in den Fingern juckte, Geld zu verdienen. Schnelles Geld, denn man kam einfach so wieder rein, brauchte keine großen Zertifikate, ich hatte nun schon meine Zertifikate.

Ich war ausgebildete Realschullehrerin für die Fächer Französisch und Deutsch. Und ich hatte Erfahrung, das hatte ich den Kolleginnen voraus, die jetzt alle aus den osteuropäischen Märkten auf unseren Arbeitsmarkt drängen.

Sie waren jünger, waren weitgereist. Zum Beispiel kamen sie aus Kroatien, oder aus Bulgarien, hatten dort Deutsch studiert, heirateten in Deutschland dann einen vietnamesischen Asylanten, bekamen Hartz IV und zeugten Kinder. Ließen sich die Kinderfrau vom Jugendamt bezahlen und gaben schließlich auch noch Unterricht.

Solche Kolleginnen waren natürlich härter im Nehmen und kamen besser mit den kroatischen und serbischen und bosnischen Einwanderern klar, weil sie aus demselben Holz geschnitzt waren.

Sie bewegten sich alle eher in der sogenannten „Unterschicht", sie hatten nie ein Haus und Auto besessen. Es waren kleine Aufsteiger, die später mal die untere Mittelschicht in Deutschland präsentieren sollten.

Sie waren flexibler und konstanter, weil sie ihr verdientes Geld wirklich brauchten.

Und auch unser Chef brillierte mit seinen Angestellten, indem er verbreitete: „Unser Lehrerkollegium ist international wie unsere Schüler."

Vergessen hatte er dabei, das osteuropäische Kolleginnen auch mal eine marxistische Maxime leben wollen: Das Kapital gehört allen, so auch uns. Und wenn er sich mal wieder darüber aufregte, dass die Kollegen zu viel Originalkopien machten und er die nicht bezahlen wollten - und noch weniger die hohen Rechnungen des Kopierdienstes - dann hatte er vergessen, dass deutsche Kollegen vielleicht sparsamer mit dem Material umgehen würden.

Da sie noch die deutschen Grundprinzipien wie Ehrlichkeit und Anständigkeit mit der Muttermilch aufgesogen hatten, während die in den früher kommunistischen Ländern aufgewachsenen Menschen doch eher die Moral hatten, alles gehört allen!

Aber solche Überlegungen hatte er auch nicht mehr, der Chef, er stellte nur noch Leute mit Migrationshintergrund als Dozenten ein, denn deutsche Dozenten kann nun keiner mehr bezahlen!

Und so nahm er hin, dass im Unterricht zwar ein deutsches Lehrwerk die deutsche Sprache illustrierte, aber das die Dozentinnen schon mal sagten, „sie gebühr ein Kind" statt „sie hat ein Kind geboren". Doch das fiel nun nicht weiter auf, die Kursteilnehmer waren froh über jeden Lacher und sie kamen auch aus der sogenannten „Unterschicht".

So prägte dieses Unterschichtgebahren unser Lehrerkollegium und man dufte schon gar nicht mehr sagen, dass man ein eigenes Auto hatte.

Man sollte mit der U-Bahn kommen - zum Unterricht. Parkplätze an der Schule für Lehrer gab es sowie nicht und man sollte ähnlich abgehetzt wie die Teilnehmer ankommen, allerdings dann doch eine Viertelstunde eher, um ein gutes Beispiel für Pünktlichkeit zu geben.

Migranten -
und die Nöte der „Mittelschichtler"

So machte mir die Einhaltung dieser Regeln viele Sorgen, denn ich fand manches Mal keinen Parkplatz, obwohl ich schon eine halbe Stunde früher als die Teilnehmer da war. Und nach dem Unterricht riss ich mit Ungeduld das Protokoll der städtischen Behörde von der Windschutzscheibe.

In einem Monat brachte ich es mal auf vierzig Euro Strafprotokoll und ich wusste gar nicht, welches ich zuerst überweisen sollte: Das von Montag, oder von Dienstag, oder von Donnerstag, immer jeweils fünf Euro und ich war froh, dass ich Online-Banking machte. Ansonsten wäre mir die Hand bei dem vielen Schreiben der Überweisungsträger abgefallen.

Ich pendelte also immer zwischen meinen Mittelschichtleben und Unterschichtleben hin und her: Am Morgen das Unterschichtleben mit den lieben Kolleginnen, die sich so gesund ernährten und in der Pause ihre Tupperwarenboxen mit Gemüsehäppchen öffneten - und am Abend dann mein Mittelschichtleben wegen meiner Mittelschichtwohnung mit dazugehörigem Einstellplatz.

Wo ich beim Einbiegen aufpassen musste, die Mauer des „oberschichtzugehörigen" Nachbarn nicht zu streiften. Denn sonst hätte ich eine Oberschicht-Strafe zahlen müssen.

Ja, das Leben in den deutschen Landen ist auch nicht mehr, was es mal war. Festgefügte soziale Barrieren fielen im Kampf um die Migration.

Und was ich in der „Volksschule", in der Schule des Volkes gelernt hatte, galt schon längst nicht mehr. Alles fiel dem Kampf um die Europäisierung zum Opfer: der Parkplatz für den Lehrer, und auch die pünktliche Monatsabrechnung für das Honorar.
Denn sie kam grundsätzlich erst am achten oder neunten aufs Konto und so gaben wir Kredit den Menschen, die nun gar kein Geld hatten und von uns Geld bekommen wollten: den Migranten.

Sie nahmen schon in der ersten Generation erst mal unsere Hilfsangebote an und lebten von Hartz, hatten aber alle ein Auto zu Hause, wurden von ihren Männern morgens im Auto gebracht - wir Lehrer standen an den Haltestellen.

So gefrustet und immer mit der Angst im Nacken, von diesen Menschen aus den anderen

Ländern übervorteilt zu werden, machte das Unterrichten nicht immer Spaß. Manches Mal konnte ich mich noch mit der Kursabschlussfeier trösten, wenn diese netten Migranten aus sich herauskamen und uns ihre Kuchen, ihre Teigtaschen und ihre eingelegten Paprika mitbrachten.

Obwohl ich keineswegs wusste, ob ich die vom Magen her genauso gut vertragen würde wie diese dunkeläugigen frisurenzerzausten Menschen, die alles so schnell abhandelten.

Und dann habe ich noch den kapitalen Fehler gemacht und mich mit so einem Unterschichtmenschen eingelassen und ihn sogar geheiratet, weil ich so blauäugig war und meinte, diese Menschen seien natürlicher und aufrichtiger als wir Deutschen.

Noch nicht so gekünstelt, aber da habe ich mich wirklich deftig geirrt, und deswegen bin ich vielleicht auch krank geworden. Weil ich von der einen Schicht in einer andere wechseln wollte. Vom akademischen Grad kann man nicht in die Arbeiterschicht wechseln, und wegen der Liebe schon gar nicht.

Aber heute denke ich ganz anders, heute würde ich nicht mehr in eine andere Schicht wechseln, noch nicht mal in eine höhere. Das wäre viel zu viel Stress und arbeiten kann ich nun doch nur noch mit dem Kopf.

Schade eigentlich, alles ist vorherbestimmt. Man denkt nun immer: Ach hätte ich dieses oder jenes nicht getan. Es ist falsch,, man muss nach vorne schauen. In der Zukunft liegt die Musik, auch wenn sie vielleicht etwas leiser spielt und die Zukunft allgemein ungewiss ist.

Der Job machte mir also keinen Spaß mehr. Nun der erste Tag vielleicht, oder der zweite, wenn man die Gruppe besser kennt, und man die einzelnen Menschen fördern möchte, oder sie dich interessieren.

Jeder Mensch ist in seiner Art einmalig und ich habe immer diese Älteren in der Gruppe bewundert, wie sie sich jeden Morgen in die Schule schleppen, und gar nicht ahnen, dass sie gar keine Perspektive mehr haben. Aber das ist nun unsere Sichtweise, die des Lehrenden, der schon zwanzig Jahre in diesem Job gearbeitet hat und froh ist, dass er für Rentenanteile gespart hat oder sie irgendwo erworben hat.

In der Jugend kann man das noch. Im Alter wird es immer schwerer, da hat man oder hatte ich keine Kraft mehr, noch für die ferne Zukunft vorzusorgen. In unseren Zeiten reicht ein Job gar nicht mehr aus. Damit kann man kaum mehr für sich sorgen.

Es wird wieder wichtig, sich in Großfamilien zusammenzutun. Aber halb Deutschland lebt als Single. Spätestens, wenn man schwächer wird, körperlich, braucht man Hilfe. Auch mentale Hilfe, aber die bekommt man nicht.

Das Singleleben

Viele Wochenenden habe ich allein verbracht, mit mir und dem Computer und dem Fernsehen und dem Radio. Gut, dass es die Technik gibt, wo uns freundliche Ansager einen guten Tag wünschen, sonst tut es ja keiner.

Wir haben alles: Eine Flatrate für das Telefon, aber niemand ruft mehr an. Und das nachdem wir nun unbegrenzt mit unseren Verwandten und Freunden sprechen könnten. Haben wir früher nicht von endlosen Telefongesprächen geträumt, und schauten nach einer Stunde Telefonat mit der besten Freundin auf die Uhr? Und sagten uns: Ach, was sie spricht, ist nicht immer interessant, aber doch so nett, warum muss ich jetzt nach 20 Minuten aufhören.

Nun, haben wir die Flatrate und wenige rufen an. Jeder ist jetzt unabhängig, jeder hat seinen eigenen Garten und seine Hollywood-Schaukel und seinen Rasenmäher. Weil nun alles so preiswert geworden ist, selbst die Holzhäcksler sind ganz billig.

Ich höre die Nachbarn immer häckseln, das ist jetzt die Wochenendmelodie, die Rasenmäher-Musik der überkandidelten Hausbesitzer, die so gerne Ordnung schaffen. Man könnte meine, man lebe noch zu Zeiten Bismarcks oder des Reichskanzlers, oder zur Ära Friedrich des I., welchen auch immer, denn die preußischen Tugenden leben hoch.

Alles ist so sauber, so rein, so in Ordnung. So lange, bis andere kommen und diese Ordnung stören. So alle die, die jetzt wegen der EU-Erweiterung bei uns einwandern und nachts unsere Autos aufknacken - immer schön mit Raffinesse und wir zahlen immer mehr in die Autoversicherung ein.

Es ist schwer, vom Komplizierten nun zum Einfachen zu kommen. Erst waren wir einfach, dann wurden wir kompliziert und differenziert. Jetzt sollten wir wieder einfacher werden, uns vielleicht zurückentwickeln, zum Steinzeitmenschen: Denn was bringen mir 20 Joghurtsorten, wenn ich einen Darmpilz habe?

Und den haben viele von uns von der „raffinierten" Nahrung und nun heißt es „Zurück zur Natur"! Wie zu Zeiten Rousseaus, da hatte man das auch. Die Theaterstücke, wo das Thema „Zurück zur Natur" thematisiert wird, leben davon. Dass man diese Wilden zeigt und dann nackt, weil man damit einfach mehr Zuschauer ins Theater lockt. Und wenn das Theater leer bleibt, dann baut man sich einfach ein Konzerthaus dazu, da kann man das wieder vollmachen.

Bloß nicht an der Wirklichkeit scheitern: Immer neue Projekte, blinder Aktionismus ist das Gebot der Stunde. Etwa so, wie die vielen Dating-Agenturen aus dem Boden schießen, die Internet-Portale, in denen sogar ein akademischer Partner garantiert wird.

Alle diese „Schrottsingles" brauchen eher erst einmal eine Therapie, damit sie aus den Fehlern lernen. Aber lernen, das ist nicht das Ding vieler Männer. Und so kommen die gut zurecht, die sich im Internet eine Frau „besorgen", die sie auf der

Straße nie ansprechen würden. Das würden sie nicht wagen, aber das Internet macht alle gleich, alle sind gleich in ihrer Suche und ihrer Orientierungslosigkeit.

Da ist kein Unterschied zwischen akademisch und angestellt. Alle suchen wie verrückt. Und wenn man früher sagte „Die Frauen, das schöne Geschlecht", so findet man heute genug Männer, die meinen, sie wären genau so schön.

So schön wie die Frauen, und die stellen stolz ihre Bilder rein, da denkt man manchmal: Was für eine hässliche Fratze! Aber alle sind nun gleich, ein Nickname, ein Passwort und alle sind „gleich suchend".

Für richtige Frauen ist das ein Spagat zwischen ihren Wünschen nach einem tatkräftigen Mann und dem Bild, das der Mann im Internet hinterlässt. Er steht romantisch am Strand, auf dem Berg oder hinter seiner Yamaha und Frau soll jetzt wählen. Sie wird quasi zum Mann und wie soll sie sich jetzt noch darstellen.

Das geht doch nur, in dem sie nicht romantisch daherkommt, sondern aggressiv.

Denn das Romantische und das „Sich-zur Schau-Stellen", das muss sie jetzt ihm überlassen. Nun , vernünftige Menschen haben sich noch nie zur Schau gestellt, um einen Partner zu finden. Das hatten die nicht nötig, das sagt einem schließlich die Vernunft.

Aber man kann schon mal in so eine Not geraten, dass man auch rein technisch sich eigentlich nur orientieren möchte und mal ein bisschen im Internetportal blättert. Aber die Galerie der „Reichen und Schönen" ist da nicht vertreten, eher die Galerie der Unausstehlichen. Doch glücklicherweise gibt es hier und da Ausnahmen.

Aber Frau sollte sich schon überlegen,mit wem sie sich trifft. Hat Er am Wochenende keine Zeit, dann kann man davon ausgehen, dass er schon mit einer anderen ausgegangen ist, mit der „eigenen". Und man kann sich denken, dass man nur die zweite Geige spielen wird, oder sich noch gegen die „andere Frau" ausspielen lassen muss, falls er die leid ist und sich noch nicht entscheiden kann.

Die wenigsten „männlichen" Wesen können wirklich allein leben, „Frau" ist eben Fußabtreter für alles und deshalb hat er auch keine Hemmungen sich mit einer anderen zu verabreden. Kommt er doch aus den warmen Armen der eigenen Frau und sucht ein Abenteuer oder eine Abwechslung.

Ach, die Welt ist für die Männer gemacht, sie machen die Technik, die Internetgeschichten, die Websites, die Portale, sie sind die „Hacker", sie klauen die Daten und die Kreditkartennummern. Warum müssen Männer sowohl so viel Gutes und Schlechtes zugleich tun? Gut, dass sie ein paar Jahre früher sterben, so rächt sich die Natur.

Aber eigentlich auch schade, denn wir Frauen brauchen die Männer, sowohl als auch, sie gehören nun einmal dazu. Ich wollte noch einmal neu lernen, mit ihnen zarte Bande zu knüpfen, obwohl mich eine erfahrene Ehefrau und Freundin in meinem alter nicht nur einmal warnte: Die Männer wollen etwas anderes von dir, aber was wohl. Ich konnte es mir denken, wollte es aber nicht glauben.

Ich fühlte mich sowieso schon als wäre ich ein Teenager, das bringt das Alter so mit sich, denn nach fünfzig als Jahresgrenze wird man wohl wieder Teenager, so meinte ich zu fühlen. Ich konnte gut auch mal allein bleiben und hatte nachts keine starken Träume mehr, sondern schlief friedlicher, wenn auch nicht ungestört. Ab und zu musste ich mal pimpern und ich dachte „Kürbiskerne wären jetzt gut", aber vielleicht hatte ich nur zu viel Werbung gesehen.

Zurück zur Männerwelt: Ich erinnerte mich, dass ich in der Pubertät wenig gute Erfahrungen mit den „Kerlen" gemacht hatte. Entweder haben sie mich in den Hals gebissen, und ich hatte fast Vampirbisse, die meine Mutter sehr wohl sah und mit mal eine klebte. Das heißt, mir mal eine Ohrfeige gab, als ich später als zehn abends nach Hause kam. Sie wollte wohl mit Gewalt all die Probleme lösen, die sich um die Sexualität drehen und wollte mit Gewalt meine Jungfernschaft retten. Meine Mutter, Gott hab sie selig, aber sie war doch wirklich unausstehlich manchmal.

Und dann weiß ich nur noch, dass ich gar nicht mehr wegging, und in meinen Deutschlehrer am Gymnasium verknallt war. Denn der sah als einziger wie ein jugendlicher Mann aus. Alle anderen Pauker waren doch alte Schrottflöten und auch mein Vater war leider nun überhaupt kein Vorbild als Mann. Denn er sah wie ich aus: blond, gutmütig, damit fast schon ein wenig weiblich.

Ich suchte in Gedanken oder in meinen Träumen doch einen anderen Mann: Einen dunkelhaarigen Schönling, so wie Tyrone Power, falls jemand den noch kennt. Der Held einiger Degenfilme, und Vater von Romina Power.

Immerhin, als ich so alt war, dass ich schon in den Wechseljahren hätte sein müssen, da habe ich mir diesen Jugendtraum erfüllt und habe so einen Degenfilm-Helden geheiratet. Als er dann als Migrant nach Deutschland kam und das Schicksal wirklich seinen Lauf nahm, erlebte ich aufregende tolle Tage und aufregende schlimme Tage - aber das steht in einem anderen Kapitel.

Rentner-Dasein und entscheidende Fragen des Existentialismus

Ich finde mich einfach nicht wieder in diesem Bild vom vergnügenssüchtigen Rentner oder der ebensolchen Rentnerin. Aber wo ich auch herum frage bei meinen Freunden und Freundinnen: Die anderen geben keine Auskunft, sie gehen ihren Tagesbeschäftigungen nach.

Das war das Verrückteste an meiner Situation, dass augenscheinlich jeder seinen Weg ging und jeder von dem anderen nichts hören wollte. So oft habe ich Freunde oder Bekannte auf Krankheit oder Siechtum aufmerksam gemacht, niemand wollte sich darauf mal philosophisch einlassen.

Die meisten sagten einfach: „Das muss man aussitzen" oder „Das muss man beheben", oder man soll es vergessen, man soll nach vorne schauen.

Aber ich kann das nicht vergessen, ich werde jeden Tag aufs Neue auf meine Krankheit aufmerksam, ich kann nicht aufs Klo, und mein Nacken ist steif. Ich bin nicht gesund, ich kann nicht die lustige Pensionärin spielen.

Einen Tag lang habe ich es probiert. Meine Freundin rief an: Los, wir müssen Essen austeilen bei Migrantenkindern, das Ehrenamt ruft, willst du nicht mitmachen? Ich wollte, es war besser als ein Couch-Potatoe zu werden.

Mit knapper Mühe erreichte ich den Ort. Dann schauten wir uns das Haus an, das eine christliche

Kirche für ihre Schützlinge gemietet hatte. Dort bekamen die Kindern, Migrantenkinder natürlich, eine zusätzliche warme Mahlzeit mittags, konnten ihre Hausaufgaben unter Betreuung machen, konnten unter großen Kastanienbäumen spielen und wurden dabei noch beaufsichtigt.

Wir sprachen mit den lieben Kleinen, aber ich roch den Geruch der Garküche, und der Magen drehte sich mir um. Nun, ich sollte etwas Contenance an der Tag legen - man fällt nicht gleich wegen eines Küchengeruchs um!

Nach zwei Stunden hatten wir, die Mütter, endlich alles abgefragt und konnten nach Hause gehen. Zu unseren Alnoküchen-Wohnungen und uns unseres Luxus erfreuen.

Da es inzwischen wieder etwas besser ging, habe ich noch eine Geburtstagsfeier dran gehängt, auch in der Nordstadt.

Ich saß in einem Café, draußen, wir aßen ein Eis auf Kosten des Geburtstagskindes, sprich Freundin im Erwachsenenalter.

Aber auch hier Migranten, die ich beobachten durfte, wie sie mit einem großen Auto vor die hiesige Sparkasse fuhren. In den Badelatschen, die sie gerade angezogen hatten, in den abgetragenen Jeans, die sie wohl jeden Tag trugen, spazierten sie in die deutsche Sparkasse und zogen ihr Geld mit der Sparkassencard.

Deutsche Sicherheit und Genauigkeit in die Hände der bildungsfernen Schichten. Als der Wind noch ein bisschen auf flaute, da wollte ich nicht mehr sitzen. Es war ein interessanter Vormit-

tag gewesen, sicher. Es war kein Vortrag von der
Uni vom Professor dabei gewesen, aber man war
„unter Menschen" gewesen.

Und dann meldete sich mein Magen erneut und
den Rest des Tages verbrachte ich auf der Couch,
denn irgendwie war mir nicht gut gewesen. Das
zum Thema „Mische dich unter die Menschen und
fühle dich wohl!"

So war ich doch mit „meinesgleichen" zusammen gewesen, aber dennoch blieb ich unzufrieden
zurück.

Ich war immer allein auf der Insel meiner
Krankheit, und fühlte mich anschließend einsamer
als vorher.

Die anderen zogen auf ihren Schiffen des Mü-
ßigganges an mir vorbei. Zum Tcil waren es präch-
tige Schoner, hübsch und elegant wie die neuesten
Automodelle. Und ich konnte nur die weiße oder
rote Fahne hissen - es hielt niemand an, um mich
zu betreuen.

Das war also das Rentner-Dasein: Dass man allein und hilflos zurückblieb, und nur die Leute gegen Bezahlung etwas für einen taten.

Andere hatten es da wohl besser getroffen als
ich, noch in der Fülle ihre älteren körperlichen
Kräfte. „Ich spiel' ab und zu Golf und betreue die
Enkelkinder", wurde mir kurz berichtet.

So ungefähr die Botschaft: Störe mich nicht mit
deinen Grillen, mit deinen Krankheiten. Ich lebe,
und ich lebe gut, also lass mich leben. Dass wir
doch alle irgendwann einmal körperlich einge-

schränkt sein könnten, wollten sie nicht gelten lassen.

Ich hatte bald auch kein Bock mehr auf mein Lamentieren, und wäre gern in ein glückliches Rentner-Dasein gestartet, wenn da nicht immer die Schmerzen gewesen wären, die im Nacken und die Bauchschmerzen.

Sonst fühlte ich mich durchaus gut. Ich hatte nicht unbedingt Falten im Gesicht, meine Figur war noch ok, aber diese täglichen Schmerzen, das nervte mich schon sehr. Natürlich gab es dagegen Schmerztabletten, und ich brach auch noch mal auf, um einen Professor in Münster um seinen Rat zu fragen.

Als der mich dann wieder ins Krankenhaus einweisen wollte, um mich von allen Seiten mit den fortschrittlichsten Apparaten durch zu checken, da hatte ich den Hals voll.

Was wollen die eigentlich? Gilt der Mensch und seine Geschichte gar nichts mehr. Allein die Apparate-Medizin soll alles lösen.

Ich bin froh, dass ich noch nicht achtzig bin, und nicht an einem dieser Apparate hänge, der dann plötzlich abgeschaltet wird. Weil es einem Professor vielleicht so gefällt und ich dann ins Nirwana gehe ohne kirchliche Betreuung.

Aber die ist nun auch sehr formalistisch. Es sterben in den Krankenhäusern nun Tag für Tag Menschen, und die sollen doch alle von den Kirchen auch in der letzten Stunde betreut werden, soweit sie ihre Kirchensteuer bezahlt haben. Sonst kommt kein fremder Priester dazu, und was habe ich davon, wenn mir ein mir fremder Priester meine Hand hält, und mir sagt: „Sei geduldig, du wirst in das Reich Gottes eingehen!"

Er ist mir doch fremd. Wer soll denn in der letzten Stunde bei mir sein? Ich habe nur eine Tochter und die ist sehr modern. Ob die dann gerade Zeit hat?

All das erfüllt mich schon mit Grausen, die letzte Stunde. Die kann ich nicht organisieren und vorbereiten, wie ich es immer so gern mache und deshalb muss ich jetzt schon anfangen - und mich auf das Unbekannte besinnen und es in mein Leben lassen.

Denn später lasse ich es garantiert nicht herein: Das Fremde, das Chaotische, das Ungewisse. Wir müssen wie die Existentialisten mit dcm Nichts leben, aber ich finde hier kein Café, in dem Jean Paul Sartre sitzt und mit mir über das Ende des Lebens plaudert.

Und: Sartre soll doch neben Simone de Beauvoir auch andere Frauen gern gehabt haben. Hat er das mit dem Existentialismus etwa gar nicht ernst genommen?

War es nur eine hochmütige Ablenkung für ihn und für Simone auch?

Oh, Oh., wer weiß? Im Grunde sind wir doch alles Feiglinge. Besser macht es da mein Internet-Coach: Er will nach etlichen Anrufen jetzt endlich Butter bei die Fische tun und mich sehen. Er will das Fleisch sehen, er hat Hunger und will essen oder genießen und er will sich nicht vertrösten lassen.

Aber soll er doch. Ich bin nämlich zehn Jahre älter als er, sehe aber zehn Jahre jünger aus, und habe die Kraft meiner Ahnen in den Muskeln - im Moment allerdings nicht ganz so viel.

Und deshalb muss ich vorsichtig damit umgehen, mit meiner Kraft, sonst ist sie weg. Für ihn darf ich sie nicht verschwenden, er gibt mir vielleicht zu wenig zurück.

Das gesamte Verlagsprogramm von tredition ist bei allen stationären Buchhandlungen und Online-Buchhändlern wie z. B. Amazon erhältlich. e-Books stehen bei den führenden Online-Portalen (z. B. iBookstore von Apple) zum Verkauf.

Seit 2009 bietet tredition sein Verlagskonzept auch als sogenanntes "White-Label" an. Das bedeutet, dass andere Personen oder Institutionen risikofrei und unkompliziert selbst zum Herausgeber von Büchern und Buchreihen unter eigener Marke werden können.

Mittlerweile zählen zahlreiche renommierte Unternehmen, Zeitschriften-, Zeitungs- und Buchverlage, Universitäten, Forschungseinrichtungen, Unternehmensberatungen zu den Kunden von tredition. Unter www.tredition-corporate.de bietet tredition vielfältige weitere Verlagsleistungen speziell für Geschäftskunden an.

tredition wurde mit mehreren Innovationspreisen ausgezeichnet, u. a. Webfuture Award und Innovationspreis der Buch-Digitale.

tredition ist Mitglied im Börsenverein des Deutschen Buchhandels.